高校德育成果文库

GaoXiao DeYu
ChengGuo WenKu

# 守正创新
## 山东管理学院"大思政课"建设探索

冯庆禄　主编

光明日报出版社

图书在版编目（CIP）数据

守正创新：山东管理学院"大思政课"建设探索／冯庆禄主编．--北京：光明日报出版社，2023.5
ISBN 978-7-5194-7192-7

Ⅰ.①守… Ⅱ.①冯… Ⅲ.①高等学校—思想政治教育—教学研究—中国 Ⅳ.①G641

中国国家版本馆 CIP 数据核字（2023）第 077649 号

## 守正创新：山东管理学院"大思政课"建设探索
SHOUZHENG CHUANGXIN: SHANDONG GUANLI XUEYUAN "DASI ZHENGKE" JIANSHE TANSUO

| 主　　编：冯庆禄 | |
|---|---|
| 责任编辑：刘兴华 | 责任校对：李　倩　李　兵 |
| 封面设计：中联华文 | 责任印制：曹　净 |

出版发行：光明日报出版社
地　　址：北京市西城区永安路 106 号，100050
电　　话：010-63169890（咨询），010-63131930（邮购）
传　　真：010-63131930
网　　址：http://book.gmw.cn
E - mail：gmrbcbs@gmw.cn
法律顾问：北京市兰台律师事务所龚柳方律师
印　　刷：三河市华东印刷有限公司
装　　订：三河市华东印刷有限公司
本书如有破损、缺页、装订错误，请与本社联系调换，电话：010-63131930

| 开　　本：170mm×240mm | |
|---|---|
| 字　　数：184 千字 | 印　张：12 |
| 版　　次：2023 年 5 月第 1 版 | 印　次：2023 年 5 月第 1 次印刷 |
| 书　　号：ISBN 978-7-5194-7192-7 | |
| 定　　价：85.00 元 | |

版权所有　　翻印必究

## 编委会

主　　　编：冯庆禄
副 主 编：李明勇　杨茂奎　董以涛　朱晓梅　邹坤萍
编　　　委：潘　峰　祝　瑞　邵珠平　王婷婷

# 前 言

党的十八大以来，思政课在党中央治国理政战略全局中的地位日益凸显。为深入贯彻学习落实习近平总书记关于"大思政课"的重要指示批示精神，山东管理学院结合自身办学特色和优势资源，坚持思政课建设、日常思政工作、课程思政全面共同推进，形成"大思政课"育人体系，使思政工作水平不断提升。

以强化理论武装、凝聚共识为目标。山东管理学院制定新时代思想政治工作方案，开展教育教学大讨论，明确思政教育融入的路径方法。坚持问题和目标导向，以培育思政工作精品项目为抓手，围绕网络思政、劳动育人等在全校具有可示范、有特色、能持续推进的精品项目，引领学校思政工作实现系统设计、分步实施、重点突破、全面提升。通过党委"划重点"、职能部门搭平台、二级学院落地生根、教职员工人人参与，从"怎么看"到"怎么办"，进一步凝聚共识、理清思路，将思政工作推向纵深。

以建立健全工作机制、聚集育人合力为目标。山东管理学院成立思政工作领导小组，形成党委统一领导、党政齐抓共管、职能部门组织协调、全员积极参与的工作格局；通过邀请名家创作校歌，将校园精神、历史传统、校风校训等融入其中，通过对道路景观建筑命名等，为校园风光打上了人文底色，以文化人；通过开展"非遗进校园"、明德讲堂、青年马克思主义者培养工程、"学习强国"进班级、志愿服务等活动，营造了促进大学生成长成才的良好氛围。

从加强思政课程和课程思政建设入手，形成同频共振的工作格局。山东管理学院制定《加强新时代思政课改革创新的意见》，全面提升思政课教学质量。制定课程思政改革实施方案，全面推进课程思政改革，使各类课程与思政课同向同行，形成协同效应，从而使课程基础地位、教师主体作用、课堂主渠道在学校思政工作中的作用得以充分彰显。

以打造特色育人模式为目标，发挥办学特色，用劳动教育筑牢立德树人的基石。山东管理学院紧紧围绕"培养理想信念坚定、劳动情怀深厚、专业知识扎实、实践能力突出的高素质应用型人才"的培养目标，构建劳动教育体系，增强学生的劳动意识，达到以劳树德的育人效果。学院在省内率先开设劳动教育通识课程，编写的《新时代高校劳动教育通论》由高等教育出版社出版发行；整合校内外资源，构建劳动教育实践教学体系，不断提高大学生的劳动能力；以"匠心传承"为主旨，在校园内建设"匠心苑"项目，加强校园文化建设，营造劳动教育环境。

多年来，山东管理学院坚持开门办思政课，强化问题意识，突出实践导向、守正创新、踔厉奋发，充分调动校内外力量和资源，建设"大课堂"、搭建"大平台"、构建"大师资"，并取得了一些成绩，形成了宝贵经验。本书收录了山东管理学院在"大思政课"建设过程中的一系列成果，既有理论和实践探索，也有管理服务和特色经验介绍。本书的出版是对学校思政工作的总结，以便做好新时代"大思政课"建设，也希冀给广大读者带来启发。

由于编者水平有限，疏漏之处在所难免，敬请指正。

冯庆禄

2022 年 9 月

# 目 录
## CONTENTS

**理论探索** …………………………………………………………… 1

从荒地到红色文化阵地
　　——山东管理学院的"匠心之作" ………………………… 冯庆禄/3
山东管理学院"六个注重"抓实文明校园建设 ……………… 李明勇/7
树立环境育人理念　建设绿色校园 ………………………… 杨茂奎/11
激发科研活力，深化科研育人 ……………………………… 董以涛/14
引导青年学生用知识和汗水传承红色基因 ………………… 朱晓梅/18
新时代应用型本科高校劳动教育的探索与实践
　　——以山东管理学院为例 ………………………………… 邹坤萍/20
加强党建引领，创新德育形式落实立德树人根本任务 …… 郭丕宽/25
山东管理学院：让思政课强起来 …………………………… 潘　峰/29

**实践育人** …………………………………………………………… 33

基于易班网络思政平台"五园区三体系"教育模式的
　　探索和实践 ………………………………………………… 王　艺/35
大思政视域下高校第二课堂实践育人体系建构研究 ……… 李丽娜/38
山东管理学院融合现代信息技术赋能管理类专业特色发展 … 代建军/47
构建分层次、模块化、全过程实践教学体系，全面提升
　　实践育人水平 ……………………………………………… 杨　燕/50

从山东战"疫"支援　看新时代沂蒙精神的德育价值
　　与路径创新 ································· 李　娜/55
坚持党建引领　弘扬劳动精神"党建+劳育"主题党日
　　活动促进学生全面发展 ························· 李　娜/65
应用型本科院校大学生劳动价值观现状研究 ········· 孙珊珊/68

## 管理服务 ································· 73
后疫情时期高校就业服务体系升级的对策建议 ········· 洪　芳/75
聚焦主责主业,服务协同育人 ····················· 李美玲/81
论高校辅导员如何培养和建设学生干部队伍 ········· 沈君克/84
高校生命教育机制研究与探索报告 ················· 朱　敏/93
立德树人,做好学生成长的引路人
　　——山东管理学院劳动关系学院学业导师工作纪实 ···· 安　娜　胡　妙/98
管理时代的教育逻辑
　　——高校学生管理供给侧改革 ··················· 顾笑然/102
家风教育融入高校学生管理工作探究 ············· 卢玉亮/109

## 特色经验 ································· 119
山东管理学院思政课教学改革:新时代坚定青年学生政治信仰的
　　新探索 ································· 徐　健/121
新建本科高校校园文化建设路径探析
　　——基于特色专业建设视角 ··················· 齐　敏/124
"微时代"下大学生思想政治教育载体创新研究 ······· 赵纪娜/128
凝心聚力　成风化人　舆论宣传为育人赋能 ········· 祝　瑞/132
基于媒体融合的网络多维互动育人平台研究与实践 ····· 尹丛丛/137
《仪礼·士冠礼》与大学生成人教育 ··············· 郭伟宏/144
山东管理学院:以文化人　以文育人　推进文化育人新模式 ··· 高　婷/153
地方性应用型高校思想政治教育全程、全方位育人模式
　　构建探究 ································· 黄骏达/156

建强主力军　筑牢主战场　坚守主渠道　扎实构建课程
　　思政育人新格局 …………………………………… 胡中晓/164
山东管理学院聚力构建特色劳动教育体系　把劳动教育融入
　　人才培养全过程 …………………………………… 王丹妮/168
中级财务会计课程思政教学实践研究 ………………… 牛建芳/171
山东管理学院"思政+劳动"协同育人模式 …………… 邵珠平/177

# 01

## 理论探索

# 从荒地到红色文化阵地
## ——山东管理学院的"匠心之作"

冯庆禄

山东管理学院以党建文化为引领,倾心打造校园"匠心"文化,筑牢弘扬"三种精神"的宣传阵地,利用园内的一片荒地,建成了"匠心苑"广场。2021年10月,升级改建后的"匠心苑"以全新的面貌呈现在人们的眼前。

匠心苑占地面积17328平方米,整体园路布局由"匠心"二字提炼而来,以"劳动创造历史、劳动创造未来"为主题,分为工匠精神区、劳模精神区、劳动精神区三大精神区以及百年工运区。工匠精神区主要有"工匠"词源雕塑以及古代工匠人物雕塑;劳模精神区用时间脉络展现劳模精神,详细介绍了新中国成立以前、新中国成立初期、改革开放以来三个时间段的劳模代表人物及精神;劳动精神区主要分为劳动觉醒、劳动报国、劳动富国、劳动圆梦四个部分;百年工运区包含精神谱系榫卯小品以及工会发展历程锈版。匠心苑以弘扬劳模精神、营造劳动氛围、厚植工匠情怀为主线,以推进校园文化建设、培育学生劳动情怀为目标,把"匠心、劳动"的文化氛围融入校园文化建设当中。通过主题广场文化的熏陶,让学生深刻理解习近平总书记提出的"劳动最光荣、劳动最崇高、劳动最伟大、劳动最美丽"的观念。通过在广场上设置劳动主题雕塑和劳动模范事迹介绍,大力弘扬劳模精神、劳动精神,引导全体学生树立辛勤劳动、诚实劳动、创造性劳动的理念。

**赓续：初心如磐，精神谱系引领思政课堂建设**

夕阳在山，野菊斑斓。五六节课的下课铃声响后，学生们或歌于途、或休于树，匠心苑里逐渐热闹起来。

"同学们，习近平总书记强调，'一百年来，中国共产党弘扬伟大建党精神，在长期奋斗中构建起中国共产党人的精神谱系，锤炼出鲜明的政治品格。'我们是全国唯一一所具有工会背景的省属普通本科高校，有着光荣的革命传统，我们更要赓续红色血脉，不断增强'四个意识'、坚定'四个自信'、做到'两个维护'，为实现中华民族伟大复兴凝聚起奋勇前进的强大精神力量。"在匠心苑的精神谱系展区，劳动关系学院正在组织给入党积极分子上现场党课。匠心苑的西侧矗立着一排榫卯小品立柱，"伟大建党精神""长征精神""劳模精神""载人航天精神"等第一批纳入中国共产党人精神谱系的伟大精神，被印刻在榫卯立柱上，吸引了不少过往学生驻足观看。榫卯工艺作为传统建筑的精髓，体现了刻在中国人骨子里的工匠精神。用这种独具匠心的中式建筑结构来呈现中国共产党人的精神谱系，效果尤为显著。古人云："不言之言，闻于雷鼓。"每天漫步在广场上，所到之处，都有无数共产党人的英勇事迹浸润其中，足以供广大学子滋养初心，淬炼灵魂。以伟大精神为航标，自然会壮志在心，矢志为实现"两个一百年"奋斗目标而奋勇开拓。

**体认：踔厉奋发，劳动教育引领"第二课堂"建设**

"劳动者的创造性思维需要创造想象参与，需要一定的灵感、积极的实践、精细的劳动，将掌握的知识在实践中反馈。比如，在展板上展示的为火箭焊接'心脏'的高凤林、蓝领专家孔祥瑞、杂交水稻之父袁隆平，他们勇于创新，开放包容，用技术创新为国家作出突出贡献，推动了社会快速发展。"

在劳模精神展示区，张老师正在为学生讲授《劳动创新思维培育与践行》。张老师带领学生行走在匠心苑的劳模精神区，细数不同历史时期劳模代表人物事迹,将劳动情怀深度融入专业课教学,学生认真倾听、由衷认可并尊重"新时代劳动者",课堂演绎也变幻出无穷的生命力。

"老师带着我们走出教室,走进匠心苑,课堂延伸到校园,这种图文并茂的视听感受令我们耳目一新,知识也变得灵动起来,不断被唤醒、记忆,我们在现场更加真切地领悟到了新时期劳动精神、劳模精神、工匠精神的含义。"学生们现场拍照记录、时时互动、投入课堂。此外,学校依托工会背景和资源优势,在省内率先开设《劳动精神传承与弘扬》《劳动意识培养与发展》《劳动权益保障与维护》《劳动创新思维培育与践行》四门通识课,通过劳动教育引领并丰富"第二课堂"建设,匠心苑也成为学校文化的传承载体,是校园文化建设中的亮丽风景线。

**传承:云程发轫,红色经典引领特色课堂建设**

除在教育教学环节发挥重要作用外,匠心苑亦是开展特色活动的好去处。丰富的素材为创作激发灵感,开阔的区域为排练提供场地,林立的雕塑为艺术带来激情。在这里,红歌传唱、工匠进校园等特色课堂之花竞相开放,同学们勇敢地表达、倾诉,在重温红色经典中感受工匠精神,在演绎"声临其境"中传承劳模文化。

"我们走在大路上,意气风发斗志昂扬……"激昂的歌声在匠心苑上空飘荡,合唱比赛中同学们将红歌唱响。身处匠心苑,在一首首脍炙人口的经典歌曲中,同学们用深情礼赞了中国共产党领导人民取得的辉煌成就,用热情讴歌了百年大党的风华正茂,用真情汇聚了实现伟大复兴的磅礴力量,同时也在律动中唱响了全校师生接力奋进、担当作为的崭新篇章。

"心有所信,方能远行。"作为校园特色景观,匠心苑的独特设计深深吸引了众多学子前来参观,成为同学们的网红打卡地,三大精神区和工匠事迹展板让他们为精益求精的工匠精神所感动。于是,学生们"永远跟党走"的赤子之情被点燃,"奋进新征程"的初心使命更为坚定,"我爱你中国"的时代强音愈加嘹亮。

"一代人有一代人的长征,一代人有一代人的担当,一代人也有一代人的风貌。"工匠进校园亦是山东管理学院的鲜明特色,"大国工匠"张东元,

"齐鲁大工匠"徐玉金、牛德成、孙云毅等置身匠心苑中与学生面对面交流，传授学生做人学艺的经验，引导广大师生拥抱工匠精神、弘扬爱国情怀，以实际行动争做薪火相承、建功立业的时代新人。作为工匠进校园、中华经典诵读、青春告白祖国等活动的开展基地，匠心苑在山东管理学院特色课堂的建设中发挥着不可或缺的作用。

　　从校园景观雕塑设计，到随处可见的工匠事迹展板，再结合思政课堂、专业第二课堂的打造，匠心苑集文化与功能性于一体，通过劳模、工匠事迹的融入，大力弘扬劳模精神、劳动精神，引导全体学生树立辛勤劳动、诚实劳动、创造性劳动的理念，进而推动高校劳动教育模式的创新。山东管理学院高举思想旗帜，通过党建文化引领校园建设，打造文化育人红色阵地，把"匠心、劳动"的文化氛围融入到校园文化建设当中，真可谓"匠心独妙"！

（发表于《学习强国》，2021年11月24日）

# 山东管理学院"六个注重"抓实文明校园建设

李明勇

近年来,山东管理学院坚持以习近平新时代中国特色社会主义思想为指导,全面贯彻党的教育方针,坚持社会主义办学方向,落实立德树人根本任务,扎实推进文明校园创建工作。

**一、注重思想道德建设,强化思想引领形成育人合力**

第一,提升统筹规划能力,完善工作机制。学校成立思政工作领导小组,定期召开党委会研究思政工作,制定《关于加强和改进新时代学校思想政治工作的实施方案》,实施思政工作质量提升工程,通过党委"划重点"、职能部门搭平台、二级学院落地生根、教职工人人参与,从"怎么看"到"怎么办",明确思政教育融入路径方法。第二,创新思政教育形式,构建四同育人体系。实施同心工程,加强队伍建设。学校思政和党务工作人员、专职思政课教师和辅导员配备均符合上级要求,8人获省优秀辅导员称号,31个教师党支部全部落实"双带头人"制度。第三,实施同向工程,推进协同育人。制定《课程思政改革实施方案》,各类课程与思政课形成协同效应,获省级课程思政示范课2门。第四,实施同行工程,融入劳动教育。出版《新时代高校劳动教育通论》,设置劳动教育课程,构建劳动教育体系。实施同力工程,聚集育人合力。通过领导干部联系班级师生、听课制度和校领导接待日等,了解师生思想动态。第五,深化思政课改革,提高育人实效。制定思政课建设规划,建设VR党建思政教育中心,推进教学改革。我校教师获省级思政课教学比赛特等奖1人,省优秀思政课教师1人,在首届全省学校思政课教学设计大赛中获特等奖 2 项，一、二等奖各 1 项。第六，加强理想信念教育，完善学生成长服务体系。实施"青马工程""明德计划"，开展"西部计划"、暑期大学生"三下乡"社会实践活动、志愿者行动等。连年被评为"三下乡"社会实践活动优秀组织单位。扎实开展大学生心理健康教育，近三年在省大学生心理健康节中获奖 9 项，2020 年"五园区五平台"获评省"优秀易班共建案例"。

## 二、注重领导班子建设，履行主体责任推动高质量发展

第一，加强党的领导，发挥党委核心作用。制定学校《党委领导下的校长负责制实施办法》《落实"三重一大"决策制度实施办法》，落实"第一议题"制度，建立党委书记和校长经常性沟通机制。党委理论学习中心组学习制度健全、交流研讨深入。第二，全面从严治党，筑牢坚强战斗堡垒。定期开展党性党风党纪教育，连续 4 年开展廉政文化月活动，打造"倡廉、崇廉、尚廉"的廉政文化品牌。建立干部考核评价、激励监督机制，以德为先，聚焦实践实干实效。实施党总支书记抓基层党建突破项目，推进党建与业务工作融合。项目实施后，我校 2 名党员分别被授予"全省高校优秀共产党员""全省教育系统优秀共产党员"称号，2 个党支部被授予"先进基层党组织"称号，3 个基层党组织入选全省高校党建工作标杆院系和样板党支部。选派 37 名干部赴基层锻炼，1 人获省"第一书记榜样"称号。

## 三、注重师德师风建设，坚持立德树人恪守师德规范

完善五个机制，形成建设合力。建立师德长效机制，完善党委统一领导、党政齐抓共管、二级学院（部）落实、教师自我约束的工作机制。完善教师准入机制，实行入职师德承诺和宣誓仪式。完善师德教育机制，将立德树人与匠心育人相结合。完善师德监督机制，设立举报电话和信箱。完善师德考核机制，对师德师风失范问题实行"一票否决"。强化监督和激励惩处机制，引导教师教书育人。每年评选"最美教师""先进个人""京鲁奖教金"等，表彰优秀教师、师德标兵，发挥模范带头作用。我校教师获省"五一劳动奖

章"1人，省优秀教师3人，省黄大年式教师团队1个。开展新生家长"管院有约"活动，构建学校、教师、学生、家长和社会多方参与的师德监督体系。制定学校《师德师风负面清单和失范行为处理办法》，开展师德专题教育工作。

**四、注重校园文化建设，坚持以文化人优化育人环境**

强化顶层设计，推进文化建设。制定校园文化发展规划以及年度工作计划和实施项目，列有专项经费。制定美育、体育、劳育实施方案，分别成立领导小组推动工作开展。拥有完善的校史馆、大学生文体中心、"职工之家"活动中心、双创中心、非遗展厅、匠心苑、初心苑等文化活动场所。坚持以文化人优化育人环境。将学校精神、历史传统、校风校训、校歌等渗透于校园各个角落，感染教育师生。开展大学生文化艺术节、体育文化节、教职工体育文化月等。学校作为国家级非遗项目传承基地、省社会科学普及教育基地等，持续开展"非遗进校园""高雅艺术进校园"等活动，是全国学校艺术教育先进单位，获省文化创新奖、省泰山文艺奖二等奖各1项。厚植劳动情怀，打造文化品牌，举办"劳模大讲堂""工匠进校园"和模拟集体谈判大赛特色活动；打造网络思政平台，设置"工匠博物馆""劳动讲堂""劳动影像""劳动榜样""劳动话题""劳动打卡地"等，将劳动教育融入校园文化；开展"劳动月"活动。

**五、注重校园环境建设，彰显人文关怀建设和谐校园**

构建安全工作体系，建设平安校园。制定《校园治安管理办法》等规章制度，坚持定期集中检查、专项检查和不定期抽查相结合，对排查出的隐患落实整改责任制，依法依规限期治理，建立起人防、物防、技防"三位一体"安全保障体系。加强生态文明建设，优化校园环境。加强绿化规划和管理，使校园绿化率达62.60%，获"济南市城市绿化先进单位""山东省绿化模范单位"称号。制定物业管理办法、生活垃圾分类实施方案、传染病防控应急预案等，开展爱国卫生运动，保障师生健康和合法权益，有力有序做好校园环境和疫情防控等各项工作。制定节能节水型高校实施方案，建设校园公共能耗监控平台，有效节约能耗。

**六、注重阵地建设管理，夯实基础守好学校育人阵地**

加强阵地管理，确保可管可控。健全完善新闻宣传与信息发布各项规章制度，明确学校网站、公众号、宣传栏、广播站、电子屏、条幅、墙体等管理建设职责，确保可管可控。严格执行教师教学考核、教学过程督导制度，决不给任何错误思想观点提供传播舞台。加强阵地建设，壮大主流声音，健全网站信息内容更新保障机制；实行新媒体平台登记审查及年审；成立新媒体联盟，把学校新媒体建成思政教育、文化传播、舆论引导的网络育人平台；落实网络实名登记制度，规范自媒体管理。

［发表于山东省教育厅（省委教育工委）网站，2022年3月4日］

# 树立环境育人理念　建设绿色校园

杨茂奎

　　高校的根本任务是立德树人，一切工作都应紧紧围绕这个中心开展。山东管理学院全面落实习近平生态文明思想，以全环境育人理念为指导，坚持用"绿色教育"思想培养人、用"绿色环保"意识塑造人、用"绿色校园"示范工程熏陶人，加强绿色校园建设，有效提升了环境育人功能，为师生营造了安全、健康、舒适、和谐的校园环境。

## 一、用"绿色教育"思想培养人

　　学校厚植绿色教育理念，并将这种教育渗入自然科学、技术科学、人文和社会科学等综合性教学和实践环节中，使其成为全校学生的基础知识结构以及综合素质培养要求的重要组成部分。学校注重发挥教师的主导作用，结合学校师德师风建设，引导教师把绿色环保宣传落实内化为教师自觉自愿的行动，在落实教学课堂标准的同时，充分挖掘课堂的生态文明教育资源，向学生传授生态文明知识。鼓励教师积极发挥课程思政作用，以课堂为载体，把"绿色、低碳、环保"的理念融入教学环节，为学生提供多种学习平台和实践案例。在教师的引导下学生们关注绿色行业、绿色项目，多名学生以"绿色债券""绿色信贷"等为主题开展研究，有效提升了学生对生态文明的认知水平，为促进经济社会发展绿色转型、实现生态环境质量改善、努力建设人与自然和谐共生的现代化社会打下了思想基础。

　　同时，学校积极响应乡村振兴战略和山东省乡村建设发展需求，与地方政府在产学研合作、人才培养、特色产业及文旅产业发展方面开展深入合作，推动乡村建设和生态环境全面进步,促进乡村经济快速发展。教师在教学过程中,带领学生通过项目实践的方式开展艺术扮靓乡村、文化服务乡村、艺术赋能乡村教育等活动,先后完成了临沂市兰陵县下村乡全域美丽乡村建设方案、新泰市放城镇石井古村修建性详细规划、济南市长清区双泉镇旅游品牌规划等19个项目。通过实践项目,有效帮助学生树立了保护环境的道德观和可持续发展的价值观。

## 二、用"绿色环保"意识塑造人

学校坚持以学生为主体,在德育教育中渗透生态文明教育,将培养学生热爱大自然、保护地球家园以及人与自然和谐相处的环保理念,作为德育教育的重要内容。每年积极组织学生开展学雷锋志愿服务活动,让学生走出校园、走进社区,美化校园内外的环境等,在丰富多彩的活动中进行生态文明教育。依托"第二课堂"持续开展以生态文明为主题的活动,在"植树节""地球日""世界环境日""爱眼日""世界水日"等节日,利用新媒体进行广泛宣传。利用班团会、社团等多种形式开展绿色环保教育活动,精心开展节能宣传周、世界水日、中国水周、粮食安全宣传周等活动,多渠道宣传绿色环保教育工作。组织安排学生开展校园清洁、衣服回收、快递箱回收、节约用电等绿色环保活动,倡议学生从绿色环保做起,从身边的小事做起。校青年志愿者协会陆续开展"请跟我来——师生共添校园绿""环保责任记于心,绿色校园伴我行""井上添画筑梦校园""校园绘美化校园环境"与"美化校园在行动,你我皆是守护人"等系列活动。利用寒暑假组织师生团队和个人开展社会实践活动,其中多支实践团队和个人开展了环保调查、劳动最光荣、洪水灾后清理、打扫社区卫生、福利院卫生清洁、笃行劳动志愿服务与理论宣讲、烟花爆竹禁燃宣传等活动,被多家媒体报道。创新创业学院鼓励学生在创新创业中践行生态文明理念,学生制作的智能垃圾桶、新营养绿色食疗、电动车防护寻回及自燃保护等项目先后在省级、国家级创新创业比赛中获奖。

## 三、用"绿色校园"示范工程熏陶人

学校建有匠心苑、初心苑等与学校历史、文化氛围及建筑风格相协调的园林景观。分阶段实施校园绿色工程，逐步提高校园绿化覆盖率，使校园成为多种生物保护地。持续开展"知绿、识绿、护绿"系列活动，校团委组织撰写山东管理学院《校园植物名录》、举办知绿——"猜猜我在哪"有奖竞答比赛、设计"为你写诗"树牌、学习植物知识、制作悬挂校园二维码树牌等系列活动，把校园变成向学生普及植物常识的课堂。加强对校园环境污染的综合整治工作，采用环境无害化技术，治理校园环境，对环境保护起到示范及推广作用。学校使用绿色节能产品，垃圾分类管理，资源循环利用；建有校园公共能耗监控平台，对耗能设备进行有效监测，有效节约能耗。

近年来，校园绿化发生了翻天覆地的变化，校园绿化面积45.97万平方米，绿化率达到62.9%，校园内植物种类达到238种，形成"一步一景""移步换景""身边皆景""文化养景"的独特校园绿化景观和"四景相融、建筑相伴、视觉文化"相容的绿化特色，资源节约型、环境友好型、人与自然和谐型的生态校园已初步形成。

良好的校园绿化为师生创造了舒适的教学和科研环境，在潜移默化中规范和优化了师生行为，达到了环境育人、文化育人的良好效果。学校先后被评为山东省第三届省级文明校园、济南市园林式单位、济南市公共机构节水型单位。"十四五"期间，学校将深入贯彻绿色生态校园理念，向着绿色大学持续迈进，努力打造一流育人环境。

# 激发科研活力,深化科研育人

董以涛

科研是立德树人的一个重要载体,是"三全育人"过程中不可忽视的重要环节。学校科研工作始终把科研育人摆到突出的位置,从多个维度发力,努力打造科研育人质量提升新体系。

**一、改革科研管理制度,激发教师科研活力**

科研育人的主体是教师,教师在科研过程中更好地关注学生的成长是科研育人的核心。学校出台《山东管理学院科研成果、项目、获奖等级认定办法(修订)》《山东管理学院高质量学术成果评价办法(试行)》《山东管理学院科研业绩绩点计算办法》。强化代表作同行评议,实行定量评价与定性评价相结合,注重评价成果的质量、影响和对经济社会发展作出的贡献大小,破除学术成果评价中过度看重成果数量,影响因子高低,忽视标志性成果的质量、贡献和影响等"唯论文"的不良导向,引导师生树立正确的政治方向、价值取向、学术导向,培养师生至诚报国的理想追求、敢为人先的科学精神、开拓创新的进取意识和严谨求实的科研作风。

出台《山东管理学院科技成果转移转化工作管理办法》《山东管理学院科研促进教学成果管理办法》,推动学校科研成果向人才培养以及地方经济社会发展服务转化。通过修订完善《山东管理学院横向科研项目管理办法》《山东管理学院纵向自筹类科研项目经费资助及管理办法》《山东管理学院科研经费管理办法》,进一步加大科研放管服力度,最大限度地激发科研人员的积极性、主动性和创造性,充分激发教师科研育人的主体作用。

## 二、构建教师科研能力培育与提升体系，提升科研育人水平与实力

推进科研育人，学校坚持以教师科研能力提升为基础和关键。2019年，学校出台《山东管理学院教师科研能力提升计划管理办法》，2021年，学校对该办法进行了修订和完善，着力打造"青年教师科研培育站—启航计划—攀登计划"三级培养体系，培养和造就一支高素质、高水平的教师队伍，提升教师科研能力和科研水平。通过青年教师科研培育站，督促青年教师及时开展科学研究，提炼研究方向，科研工作步入正轨；通过科研启航计划，培育扶持具有中级及以上职称教师积极申报承担省部级课题；通过科研攀登计划，培育支持具有副高级及以上专业技术职称或者具有博士学位的教师申报承担国家级课题。自实施教师科研能力提升计划以来，共立项科研攀登计划36项、科研启航计划64项，182位年轻教师进入科研培育站，入站率达98.2%，有43位老师顺利出站。

通过高层次项目和标志性成果的培育，我校承担的各级各类科研项目立项数量不断增长，立项层次不断提升，科研经费大幅增长。2017—2021年，学校共承担国家级课题11项，省部级课题114项，科研经费3000余万元。发表论文1124篇，出版著作76部，获得发明专利授权16项，获得山东省社科优秀成果奖4项、泰山文艺奖二等奖1项、山东省人民政府决策咨询奖三等奖1项。

## 三、加强科研创新平台建设，搭建科研育人教育平台

学校加大科研平台基础设施建设，引导科研平台找准自身定位、提升科研创新能力。2020年7月，我校的"山东省智能制造与数据应用工程实验室"获批山东省应用工程实验室，实现了我校省级科研平台零的突破。学校还获批"十三五"山东省高等学校科研创新平台3个、山东省高等学校对接产业类协同创新中心1个、建有山东省外事研究与发展智库2个。2018年，在山东省总工会的大力支持下，齐鲁工匠研究院落户我校。我校现有各类平台25个，搭建了科研育人平台，为增强学校科研创新能力，实现学校特色发

展、高质量发展奠定了基础。

学校将人才培养作为科研平台建设的核心工作，坚持以学生为中心，把促进学生全面发展作为衡量人才培养水平的根本标准，鼓励教师带本科生进实验室、进课题、进团队，共有12名本科生作为正式成员进入学校设立的科研机构或团队当中，另有多名本科生参与科研和竞赛，成果丰硕。如校级科研团队大数据形态下异常行为检测研究团队，已发表学术论文7篇（其中，SCI二区检索1篇、SCI三区检索1篇、EI检索3篇），成功申报软件著作权8项，正在申请发明专利2项，指导学生参与学科竞赛获全国二等奖1项、全国三等奖7项、省一等奖7项、省二等奖14项、省三等奖18项，真正做到了以学生成长为中心，不断提高应用型人才培养质量。

**四、推进产学研深度融合，多方位协同育人**

学校开展与科研院所、行业企业、产业园区的合作，积极服务地方经济发展，促进承接横向课题能力不断增强，横向课题到账经费逐年递增。2017—2021年，我校共落实横向经费到账1960余万元。

加强对省、市经济社会发展重大问题的应用对策研究。我校共有17项决策咨询报告被市级及以上政府或相关部门采用，其中，《山东农村互助养老发展的实践困境与对策建议》得到时任山东省委副书记、省长李干杰的批示，《2021年5月重大舆情分析研判》被中宣部全文采纳。

通过产学研深度融合，将学校的人才培养、科学研究等各项工作与地方经济社会发展紧密联系起来，带领学生与地方企业开展合作，让学生在实践中提升能力，同时为企业提供人才资源。

**五、开展科研成果转化为教学资源立项，科研反哺教学成效显著**

学校全方位挖掘科研育人的要素，促进科研成果在教学中的转化应用，着力打造可转化、能推广、有实效的具有山管特色的科研育人模式。

以《山东管理学院科研促进教学成果管理办法》为抓手，通过科研成果转化教学资源项目推动。迄今为止，学校共立项98项科研成果转化教学资源项目，其中36项转化为教学内容和新课程，26项转化为学科前沿讲座，17项转化为创新创业和学科竞赛项目，13项转化为毕业论文（设计）选题，6项转化为实验实训项目。如横向科研项目《成武县九女集镇"淘宝镇建设"》《商河县农村电商火种计划》《长清区农村电商扶贫计划》转化为学生毕业论文以及大学生创新创业项目。通过设立科研成果转化为教学资源项目，鼓励教师将科研成果中的新观点、新技术、新方法及时融入教学中，努力打造以教学促科研、以科研带教学，教学和科研工作良性互动、协调发展、共同提高的新局面。

**六、完善学术诚信体系建设，培养严谨学术精神**

2016年，学校出台《山东管理学院学术不端行为查处细则》，要求学校全体教职员工、特聘教授、兼职人员、学生在以山东管理学院为署名单位申报课题、申请成果奖励、申请专利、发表论文和出版著作时应坚持尊重知识、科研诚信、锐意创新的学术风气，树立崇尚科学、求真务实、严谨自律的治学态度，树立正确的思想政治观，严格遵守学术纪律，规范学术行为。

印发《学术委员会章程》，学术委员会下设学术道德规范委员会开展学术诚信有关工作，强化对学术道德规范情况的监督和对违反学术道德行为的处理，构建集教育、预防、监督、惩治于一体的学术诚信体系。

在今后的工作中，学校将继续把科研育人摆到更加突出的位置，全方位挖掘科研育人要素，进一步优化科研育人环节和程序，促进科研成果在教学中的转化应用，培养学生崇尚科学的理想信念、勇攀科学高峰的意志品质和科学严谨的学术作风，提高学生自主学习、科学思考、敢于创新和适应社会等综合能力，逐步形成学生理论与实践相结合、社会实践与教师科研项目相结合、社会实践与服务地方经济相结合的"三结合"模式。

# 引导青年学生用知识和汗水传承红色基因

朱晓梅

历史因铭记而永恒，精神因传承而不灭。习近平总书记强调，"抓好青少年学习教育，让红色基因、革命薪火代代传承。"高校是青年聚集地，是人才培养的主阵地。必须根据习近平总书记要求和中央部署，引导当代大学生学好党史这门"必修课"，做到学史明理、学史增信、学史崇德、学史力行，让信仰之火熊熊不熄、让红色基因融入血脉，成为红色基因传承人。

铭记红色基因谱系，要筑牢"强信念"这个总开关。"为什么战旗美如画，英雄的鲜血染红了它。"我们党成立一百多年来，团结带领中华儿女书写下波澜壮阔的革命史、艰苦卓绝的奋斗史、可歌可泣的英雄史，开启了新时代建设社会主义现代化国家、实现中华民族伟大复兴的历史征程。党的百年光辉历史，是由一个又一个"红色地标"串联起来的。在抗日战争和解放战争时期，山东东南部的沂蒙革命根据地420万人口中有120多万人拥军支前，20多万人参军参战，10多万人英勇牺牲，涌现出沂蒙六姐妹、沂蒙母亲、沂蒙红嫂等一大批先锋模范人物，诞生了沂蒙精神。

在1938年抗日战争最艰难的岁月，山东管理学院诞生在沂蒙革命老区沂水县的一个小山村。通过讲解党百年筚路蓝缕的创业史、学校红色基因的传承史，能够引导学生厚植爱党、爱国、爱社会主义的情感，做红色基因的传承者。师生传承红色基因和爱国主义情怀的积极性高涨，纷纷举办各类主题活动，智能工程学院开展"传承红色圣火，体味红色人生"主题教育；信息工程学院在党员和师生中分别开展"党员讲党课、团员忆历史"等主题鲜明、内容丰富、形式多样、互动性强的系列活动。

把握好立德树人根本任务，聚焦"跟党走"这个总目标。中国共产党的百年历史集中到一点，就是为践行初心使命而不懈奋斗的历史。我们党成立百年，已经团结带领中国人民创造了历史的辉煌，谱写了气吞山河的壮丽史诗。今天的辉煌，为明天取得更大的辉煌创造了条件、奠定了基础。新一代青年必须强化政治意识，充分认识到"跟党走"是追求共产主义远大理想的必由之路，是实现自己政治抱负的必然选择，做到忠诚而坚定、深信而笃行。共青团是党缔造和领导的青年政治组织，"党有号召，团有行动"是百年一贯的优良传统，"党旗所指就是团旗所向"是一切工作的逻辑起点。通过学习党史，让更多团员坚定了"做一名共产党员"的信念，更加自觉地向党组织靠拢，实现从"学党史"到"强信念"再到"跟党走"的逻辑递进，源源不断地为党输送新鲜血液。为增强师生党性观念和纪律规矩意识，学校编写了《廉政教育读本》，创办"警钟长鸣"等栏目，连续5年组织开展以"崇廉尚洁、和谐山管"为主题的廉政文化建设月活动，打造廉政文化建设品牌，营造"倡廉、崇廉、尚廉"的校园文化氛围。

贴近时代脉搏和学生特点，践行"青春闪光"总要求。习近平总书记强调，无论过去、现在还是未来，中国青年始终是实现中华民族伟大复兴的先锋力量。坚持组织化动员和网络化动员有机融合，充分发挥新媒体的影响力和引领力，就能更有创意地制作和传播青年喜闻乐见的融媒体产品，为学生学习提供有力平台支撑和有效产品供给，从而把党史教育与讲故事相结合，把党史教育与解答问题相结合，把个人自学与集体研讨相结合，引导团员青年用好"碎片化"时间，努力把党史这门"必修课"学深、悟透、做实。

漫步校园，月牙湖畔、弘钟旁、芳华广场上，经常能看到莘莘学子在传唱红色经典歌曲。青年学生们把人生发展黄金期与民族复兴关键期历史性地叠合在一起，在勤奋学习、上下求索中将美好理想转化为真切现实，用知识和汗水传承红色基因，书写个人未来可期的灿烂人生。

（发表于《中国教育报》，2021年6月8日）

# 新时代应用型本科高校劳动教育的探索与实践
## ——以山东管理学院为例

邹坤萍

党的十八大以来，习近平总书记立足新时代历史方位，对劳动和劳动教育作出重要论述，中共中央、国务院《关于全面加强新时代大中小学劳动教育的意见》（以下简称《意见》）对新时代劳动教育做出了顶层设计和系统部署，推进劳动教育从隐性融入显性推进。作为高等教育重要组成部分的应用型本科高校，深入推进劳动教育，既是贯彻新时代党对教育的新要求，也是应用型高校高质量人才培养体系建设和高质量人才目标达成的应有之义。

### 一、新时代劳动教育的价值回归

（一）马克思主义劳动观和劳动价值观

"劳动"作为一个核心概念贯穿于马克思、恩格斯的整个理论体系中，马克思、恩格斯创造性地提出了劳动形成人的本质。劳动是人类特有的一项有目的、有意识、能够满足自身需求的社会实践活动，是人类认识世界、改造世界的重要手段，人们在劳动中不断创新生产工具，作用于生产资料，并与其他人形成合作、买卖、竞争等关系，从而产生和积累财富，在完成这一系列社会活动的过程中，逐渐形成人的本质。只有在共产主义社会中，人们才能够"以一种全面的方式，作为完整的人，占有自己的本质"。因此，人既是劳动的主体，也是劳动成果的享有者，成为"自由的、全面发展的人"是人类劳动的终极目的，站在"劳动统一于人类发展与社会生产发展过程"的高度看待劳动价值，这是马克思主义劳动价值观的基本要义。

马克思进一步阐述了劳动教育的价值观。"从工厂制度中萌发了未来教育的幼芽,未来教育对所有已满一定年龄的儿童来说,就是生产劳动同智育和体育相结合,它不仅是提高社会生产的一种方法,而且是造就全面发展的人的唯一方法。"因此,教育同生产劳动相结合是造就全面发展的人的唯一方法,而劳动教育之于"人的全面发展"的意义,不仅在于提升个体的劳动技能、智力发展,也有助于增强个体体能。马克思主义从"人的本质生成"和"人的发展内在机理"的视角对劳动和"以劳促全"的阐释,为新时代我国劳动教育理论与实践发展奠定了坚实的基础。

(二)新时代我国劳动教育理念及内涵

党的十八大以来,劳动和劳动教育的地位及价值持续复归。党的十九大报告从国家层面强调了崇劳尚能的政策主张;习近平在给中国劳动关系学院劳模本科班学员的回信中重申了"四最"的劳动价值观;全国教育大会首次把劳动教育纳入党的教育方针;《意见》开启了新时代加强劳动教育、推进"五育并举"的人才培养思路,建构形成了新时代劳动教育的价值体系和政策体系。概言之,新时代劳动教育是在习近平新时代中国特色社会主义思想指导下,以塑造劳动观念、传递劳动知识、传授劳动技能、端正劳动态度和培养劳动习惯等为主要内容,旨在系统提升受教育者的劳动素质,开展促进其全面发展的教育活动。新时代劳动教育理论继承并发展了马克思主义的劳动教育价值观,且赋予了劳动教育新的时代内涵,将劳动教育的育人功能丰富拓展为以劳树德、以劳增智、以劳强体、以劳育美,不仅阐释了劳动教育与德智体美的内在逻辑,还原了劳动教育劳动性和教育性的双重属性,也拓展了劳动教育价值当代传承的实践路径和新型样态。

## 二、山东管理学院劳动情怀涵养教育的体系构建与实践路径

山东管理学院是全国唯一一所具有工会背景的省属公办本科高校,具有开展劳动教育的基因使命与独特优势。学校劳动情怀涵养教育的探索历经使命传承期、改革规范期、特色提升期三个阶段。在"劳动情怀深厚"的人才培养目标指引下,学校将劳动教育的推进完善与应用型人才培养模式改革和教学综合改革结合起来,坚持理论与实践相结合、课内与课外相结合、线上

与线下相结合、校内与校外相结合,构建了集课程体系、活动体系、文化体系、评价体系于一体的劳动教育体系和实践路径。

(一)"三位一体"的课程体系

从具体形式上看,劳动教育可以呈现为作为学科的劳动教育、作为实践活动的劳动教育和作为校本课程的劳动教育。因此,学校通过"通识课程劳育+学科专业课程劳育+实践课程劳育"完善了"三位一体"的课程载体。

1. 通识课程劳育。旨在普及劳动知识,深化劳动价值的塑造,形成劳动教育理论指导和引领下的劳动者经验世界,改善现实中不尊重劳动者、不尊重劳动成果、人的片面发展的教育实践困境。一是开设劳动教育类通识必修课程。设置四个课程模块,共计2.5个学分,分别在大一至大三年级进行,体现了分级劳育的目标要求及实现。二是将劳动教育融入思政课堂,构建与基础课、概论课、纲要课、原理课、形势与政策课同向但不同切入点的劳育融入;坚持线上线下相结合,开发劳动教育线上开放课程,录制《新时代劳动教育通论》线上课程,以全新、开放的手段呈现劳模、工匠特色资源。三是设置劳动教育通识选修课程,形成道德劳动—合法劳动—快乐劳动—创新劳动—安全劳动的多维劳动教育内容体系。

2. 学科专业课程劳育。将劳动教育融入专业课程教学大纲和教学目标,倡导找准各学科专业课程落实劳育目标的发力点,强化专业劳动意识,提升专业劳动智能,以课程劳育推进专业建设。如作为国家一流专业建设点的劳动关系专业,率先探索形成劳动科学课程、劳动职业课程与劳动特色课程三位一体的"劳动教育"特色课程体系。

3. 实践课程劳育。专业实践和综合实践是高校劳动教育的特有范畴,也是应用型人才培养的关键环节。一是开设了专业公益劳动特色课程,设置1个学分,各二级学院结合学科特点在第一至六学期课余时间,以校外劳动锻炼为主要形式实施。二是将劳动教育融入专业认知见习、专业实习实训、工程教育实践、毕业设计、毕业实习、专业综合实践等过程中,通过校内校外双循环,让专业劳动实践真实深度发生,强化大学生专业劳动与新技术、新方法的结合,与职场劳动的结合,注重创新创造,让学生在劳动体验中强化劳作感、同理心,激发劳动内驱力和奋斗精神。

## （二）"四阶段、七融入"的活动体系

学校将日常生活劳动、生产劳动和服务性劳动，融入第二课堂的劳模工匠精神传承、党建、养成教育、校园劳动文化建设、创新创业教育、社会实践、志愿服务七个模块中，设计学、思、践、悟"四个阶段"，深化学生对劳动教育的认知和践行。

## （三）校内外协同共生的劳育文化体系

为深化以劳育人的文化氛围，学校整合资源，创新劳育载体，持续推进"劳动+"的文化建设，打造了集劳动精神体验和文创展示于一体的"三馆两苑一书屋一基地"，在校内建成工会和劳动特色展馆、VR工匠博物馆、校史馆、匠心苑、初心苑、红色书屋，打造弘扬劳模精神、劳动精神、工匠精神和普及劳动教育的校园文化阵地；建设了校外劳动实践基地——双立教育基地，开设了农业种植、手工艺制作等丰富多彩的实践课程，丰富劳育文化传播载体。

## （四）多元参与交叉评定的评价体系

科学的评价体系是检验劳动教育有效性和持续改进的依据。学校构建了以校、院（教师）、相关企事业单位等为评价主体，指向劳动认知、劳动技能、劳动素养等评价内容，以第一课堂成绩单、劳动实践评定、第二课堂成绩单为评价手段的劳动情怀涵养教育评价体系，在把劳动素养纳入学生综合素质评价体系的道路上开始了初步探索。

近年来，学校初步构建了劳动教育的良好生态。一是形成了基于学科专业的劳动教育模式，劳动关系学院"请跟我来"的常态化劳动教育方案及实践受到学生欢迎和媒体关注；二是涌现了电商扶贫助农、大学生返乡调研等社会专业实践品牌；三是《新时代高校劳动教育通论》课程在中国大学慕课平台上线，并通过国家智慧教育平台劳动教育（劳动智慧）面向全国及更大范围分享推广；四是劳动教育研究与实践获山东省第九届劳动教育成果奖二等奖，应邀深度参与全省高校劳动教育改革。

## 三、新时代应用型本科高校深化劳动教育的路径建议

（一）推进劳动教育协同治理效能的充分释放，提高校内外的协同度

劳动教育是一项系统工程，须深化思想认识，完善顶层设计。一要加强

校内协同，畅通协同工作机制，加强劳动教育的系统性建构，形成引导性组合政策，克服高校劳动教育"混同化""浅层化""有劳动、无教育"倾向；二要加强学校与家庭、社会的协同，吸引其充分参与到学生劳动素质养成和劳动素养督导评价中来。

（二）加强劳动教育课程体系建设，提升劳动教育的融合度

一是开发与学生生活和兴趣相融合的劳动通识课程。通过与区域特色相结合、与非遗传承相结合，推进开设融合类劳动实践课程，以满足不同学生的兴趣和需求，提升学生劳动技能和动手操作能力的养成。二是加强专业劳动实践和创新实践课程建设，深化与专业教育和创新实践的融合，重视带领学生在专业生产实践中开展劳动教育，在科研创新实践中提升劳动教育的水平。

（三）完善劳动教育考核评价，增强劳动教育的效度

统筹完善劳动教育考核评价指标及权重比例，使之能有效反映学生劳动观念、劳动品质、劳动技能的动态提升，并将考核结果有机融入学生综合素养考核，反向增强学生投身劳动理论学习及实践活动的内驱力，提升劳动育人的实效性。

（发表于《山东工会论坛》，2021年7月20日）

# 加强党建引领，创新德育形式
# 落实立德树人根本任务

郭丕宽

习近平总书记指出，学校是立德树人的地方。高等学校作为人才集散地和知识创新地，决定了高校德育工作应着力培育和建设自身的人文特色、专业特色和创新特色。《国家中长期教育改革和发展规划纲要》（以下简称《纲要》）强调，高等学校要创新德育形式，丰富德育内容，不断提高德育工作的吸引力和感染力，增强德育工作的针对性和实效性。《纲要》对新时期高校德育工作提出了新的更高更明确的要求，新时期要使高校德育焕发生命力、增强感染力，必须从行业实际、地方实际和学校实际出发，以鲜明的个性特征吸引人、凝聚人。组织部始终紧紧围绕立德树人根本任务，牵住党建促育人质量提升的"牛鼻子"，把党的领导贯穿教书育人全过程，充分利用学校资源，创新方式方法，不断以党建引领德育工作走深走实。

## 一、打造校园文化特色，创新德育载体

根据新时期高校工作的新形势、新变化和新需要，创新德育载体，为德育工作搭建更宽阔的平台。2021年，为庆祝中国共产党成立100周年，发挥校园党建文化育人的功能，培养学生的爱国情怀，组织部联合校图书馆利用典藏资源优势，结合党史学习教育，精选红色文献，在图书馆辅楼一楼建成红色书屋。红色书屋以"不负时代，不负韶华"为主题，寄语青年大学生：与时代同行，做有志气、有骨气、有底气的时代新人。红色书屋是集阅读研讨、党史课堂、教育学习、展览展示于一体的开放式阅读空间，分为阅览区、

经典读物朗读区、党课研讨区、展示区四个区域。阅览区为读者提供了党史党建、军事、历史、文学等主题红色文献，充分展示了中国共产党领导人民进行革命、建设、改革的辉煌历程和所取得的丰功伟绩。经典读物朗读区则为读者提供了两座数字化的"智慧朗读亭"，读者可以利用多媒体设备观看学习视频、听书看书，体验在线阅读的便利和美好。为了进一步推动学校党史学习教育，在红色书屋的党课研讨区为学生党员开展党课教学、理论研讨提供了具有LED电子屏的多媒体设备、小型会议室功能的半封闭区域。红色书屋的建设，开辟了党建和文化融合发展的新途径，为大学生搭建了一个"读原著、学原文、悟原理"的教育阵地，为大学生学习红色历史提供了开放空间，有利于坚定大学生党员信仰信念教育，是提高党史学习教育实效的重要举措。

学校综合实验教学楼于2020年8月竣工交付，南侧配套景观广场项目同期交付使用。为进一步挖掘该区域的使用潜力，从提升育人环境与校园文化建设相结合的角度出发，充分发挥党建对校园文化建设的引领和导向作用，组织部通过调研和方案论证，将综合实验教学楼南侧广场打造提升为"初心苑"。初心苑建成后，该区域从自然景观到人文景观都得到了进一步提升，为广大师生提供了休闲、学习场所的同时，更能有效地将党建活动融入到校园生活中去，真正做到使广大党员干部群众对党建文化耳濡目染、入脑入心，达到红色文化对师生"潜移默化、润物无声"的育人效果，与马克思主义学院VR党建思政教育中心有机结合起来，通过"现实+虚拟""静态+动态"的方式，形成丰富全面、亮点突出的一体化党建平台，真正做到党建阵地内外兼修。进一步加强了党员的理想信念教育，增强党组织的战斗力和凝聚力，打造成属于山管品牌的红色堡垒，在整体提升校园环境的同时，充分发挥红色文化的爱国主义教育功能。

红色书屋、初心苑建成后，与图书馆、档案馆、工会理论展馆及匠心苑，共同形成了学校"三馆两苑一书屋"的校园文化德育体系，在大力弘扬劳动情怀、爱国主义的同时，创新探索出适应学校发展、适合学生成长的有效载体。

## 二、开展特色活动，创新德育内容

为进一步发挥学生党员的模范带头作用，加强学生学风、考风建设，组织部联合二级学院党总支在期末考试期间开展"诚信考试、从我做起"共产党员、入党积极分子亮身份活动，带动全体学生勤奋学习、诚实守信。为进一步加强宿舍学习风气、内务卫生建设，营造良好、和谐的宿舍氛围，在全校范围开展"亮身份、做表率"学生党员宿舍挂党牌活动。通过开展亮身份、做表率活动，切实发挥学生党员的先进性、示范性、引领性作用，全面展现新时代青年学生日常生活中的良好精神风貌。另外，通过对学生党员开展主题教育，使学生党员自觉接受监督、做好表率，并发挥辐射带动作用，用实际行动当先锋、树形象，切实形成向上学风，打造出学生宿舍和谐积极、共同进步的氛围。

## 三、重视制度建设，创新德育形式

完善工作机制，明确党总支党支部党建育人责任。学校制定了《党员领导干部基层党建工作联系点制度》《关于落实党总支和党总支书记抓基层党建工作责任的意见》《学生党支部工作指导标准》等文件，明确党总支班子成员联系学生支部、学生班级的责任，围绕学生党支部职责，抓好学生党员的学习教育，强化学生党支部育人功能。制定《山东管理学院基层党建创新项目管理办法》，分别从立项申报、结项标准、成果推广与运用、经费保障和管理等六个方面提出了具体要求。以党建育人、组织育人为重点，开展党建研究课题申报工作，2019—2021年累计立项党建课题46项，提升党务工作者和教师党建理论创新能力。落实"双带头人"制度，推进学校党建和业务双融合、双促进。学校制定了《教师党支部书记"双带头人"培育工程实施方案》，着力把教师党支部书记队伍建设成为新时代学校党建和业务双融合、双促进的中坚骨干力量，着力把教师党支部建设成为新时代学校基层的坚强战斗堡垒，坚持双向提升的工作原则，把符合条件的学术带头人培养选拔为教师党支部书记，把有条件的教师党支部书记培养成为学术带头人，实现学校基层党建工作与教学科研工作双促进、双提高。目前，学校"双带头人"的教师党支部书记实现全覆盖。通过成立"双带头人"工作室，成果丰硕，比如，我校信息工程学院"双带头人"博士工作室，工作室学生团队在全国大学生数学建模竞赛、"蓝桥杯"全国软件和信息技术专业人才大赛、"泰迪杯"数据挖掘挑战赛等专业竞赛中，多次获国家级奖项、省级奖项。学生团队发表多篇学术论文。"双带头人"博士工作室成功打造了教师党支部书记"领头雁"，推动了立德树人中心工作。

培养什么人、如何培养人，是我国社会主义教育事业发展中必须解决好的根本问题。大学生是我国宝贵的人才资源，是民族的希望、祖国的未来，高校要从行业实际、地方实际和学校实际出发，开展行之有效、富有个性魅力的教育工作，大力弘扬党建文化，探索做好德育工作的有效载体，为筑牢立德树人根本任务提供路径，为完成为党育人、为国育才的历史使命提供动力支持。

# 山东管理学院：让思政课强起来

潘 峰

习近平总书记强调，"思政课是落实立德树人根本任务的关键课程。"这高度肯定了思政课在落实立德树人根本任务中至关重要的地位。山东管理学院把思政课建设摆上重要议程，在工作格局、队伍建设、支持保障等方面采取措施为思政课赋能聚力，构建"大思政课"新格局，让思政课强起来，推动形成全校努力办好思政课、教师认真讲好思政课、学生积极学好思政课的良好氛围。

## 一、当好指挥部，为思政课赋能

如何上好思政课？思政课教师是战斗员，指挥部在学校党委。山东管理学院党委把思政课建设作为一项重要的政治任务和战略工程，专门印发《加强新时代思想政治理论课改革创新的意见》，强化党委对思政课建设的领导，从全面提升思政课教学质量、建强思政课教师队伍、提升马克思主义学院建设水平、健全思政课建设保障机制等方面，提出23条措施。为提高育人实效，校长办公会专题研究学校思想政治理论课实践教学实施方案，明确内容形式，划好实施路径，强化组织保障，并建设VR虚拟仿真思政课体验教学中心，通过开展主题演讲、同心战"疫"等思政实践教学活动，让大学生不出校门就可以深入爱国主义教育基地，追寻红色足迹，追忆革命历史，接受革命文化洗礼，增强青年学生的爱国热情和文化自信，自觉践行和传播社会主义核心价值观。上述一系列措施的实施，让思政教师有方向、有动力，学生有兴趣、有收获，使思政课变得更有亲和力、吸引力和感染力。思政课教师队伍中多人获"山东学校优秀思政课教师"荣誉称号，获第二届全国高校思想政治理论课教学展示暨优秀课程观摩活动二等奖1项，在山东省首届全省学校思政课教学比赛中荣获本科"基础组"特等奖1项，获首届全省学校思政课教学设计大赛特等奖2项、一等奖1项、二等奖1项，获山东省高校教师教学创新大赛二等奖1项等。

### 二、凝聚向心力，画好同心圆

学校党委书记、校长带头走进课堂，带头推动思政课建设，带头讲思政课。面对疫情防控形势下学生返校复学，学校党委书记、校长分别走上讲台为全校不同年级学生带来了有温度、有力量的"开学第一课"，教育学生要清醒认识中国特色社会主义制度优越性，相信中国力量，坚定打赢这场防控战"疫"的信心与决心。党委书记冯庆禄多次在校庆日和学生们面对面，强调当代大学生要有家国情怀，并指出校园即家园，每位学生都是家的主人，学校以学生为中心，全心全意为学生服务，希望学生学好本领，投身强国伟业。校领导邹广德、李明勇、杨茂奎、董以涛、朱晓梅、邹坤萍等多次走进所联系班级，宣讲党的创新理论，结合自身学习感悟和工作经历向同学们展示近年来我国取得的巨大成就，并号召同学们要切实把理论学习与实践学习紧密结合起来，做马克思主义的坚定信仰者，练就过硬本领，在社会主义现代化建设中实现人生价值。

学校二级学院书记、院长也纷纷走进课堂。有的以"共抗疫情，爱国力行"为主题，开展"云上思政课"，强化学生爱国主义教育；有的以"四史"教育为主题，勉励学生们要有理想、有目标、有追求，将个人奋斗融入时代发展之中；有的开展"行走的"思政课，以"山东管理学院里的几个匠心故事"为主题，结合校园文化和学校办学特色，厚植学生劳动情怀。

### 三、奏响交响乐，加强协同育人

加强课程思政建设，可以有效地让专业教师承担好育人责任，"守好一段渠、种好责任田"，使各类课程与思政课程形成协同效应。学校制订课程思政实施方案，成立领导小组，将参与课程思政教学改革情况和课程思政效果作为教师年度考核评价的重要依据，将各院部推进课程思政教育教学改革成效纳入院部教学目标、党建考核评价。健全激励政策，激励教师尤其是青年教师要积极投入课程思政工作，实现以点带面、整体推进。组织教师课程思政比赛，成立课程思政工作坊，引导教师将价值引领寓于知识传授和能力培养过程中，将显性教育和隐性教育相统一。马克思主义学院针对思政课程和课程思政协同育人，围绕课程思政的要求、规律，以及马院教师可以为课程思政做些什么，结合授课专业如何贯彻课程思政等内容谈体会、话实招。思政课与课程思政同向同行，使课程基础地位、教师主体作用、课堂主渠道在学校思政工作中的作用充分得以彰显。学校注重特色育人，通过"易班""青马工程"等加强大学生思想政治教育，并结合办学特色和优势，开设"劳动教育"类课程，组织编写《新时代高校劳动教育通论》，建设大学生劳动教育在线开放课，聘请全国劳模、齐鲁大工匠作为导师，持续把劳模精神、劳动精神、工匠精神发扬光大，把敢为人先的锐气、蓬勃向上的朝气传导给学生。

　　学生是"裁判"。通过形式多样的思政课，同学们表示，思政课变得越来越"有意义""有意思"，学生学习氛围浓厚，综合素质不断提高，涌现出一批践行社会主义核心价值观的典型。近三年学生获省级以上各类竞赛奖项 600 余项，就业率高于全省平均水平，用人单位普遍反映学校毕业生适应性强、专业素养高，具有良好的劳动品质，团队合作能力和解决问题能力强。

　　　　　　　　（发表于《大众日报》，2020 年 12 月 24 日，内容有改动）

# 02

**实践育人**

02

# 基于易班网络思政平台"五园区三体系"教育模式的探索和实践

王 艺

山东管理学院在学校党委的正确领导下，深入学习习近平新时代中国特色社会主义思想，全面贯彻全国全省高校思政工作会议精神，落实立德树人根本任务，坚持"以学生发展"为中心，着力建设山东管理学院"三位一体"的学生成长服务中心平台，打造"互联网+"大学生思政工作体系，助力学生成长成才。

## 一、学生成长服务中心简介

山东管理学院学生成长服务中心成立于 2019 年 9 月，是学生成长和发展的综合性的服务平台，旨在培根铸魂，促进学生全面发展，提供更加贴心、暖心、舒心和个性化的服务。

经过几年的不断探索和实践，该中心依托学校易班发展中心、大学生心理健康教育中心、大学生指导与服务中心等三个中心，逐渐形成了"互联网+"模式的"导航、护航、领航"三大支持系统，包括以思想引领为核心的导航服务体系，以心理疏导、资助服务为核心的护航服务体系和以学业指导为核心的领航服务体系，聚焦学生大学阶段的学习与生活，从思想引导、心理疏导、学业指导等 9 大方面提供线上、线下两种模式的全方位服务内容。

## 二、线下教育服务平台

（一）山东管理学院易班发展中心

2018 年年底开始启动建设易班，按照打造"推进思政教育新阵地、提升班级建设新载体、体现全员育人新窗口、强化素质培养新平台"的建设目标，成立了校院两级学生工作站，由此，学校逐渐形成各具特色的网络思政教育特色。

**（二）山东管理学院学生心理健康教育中心**

该中心是山东省积极心理学会发起单位之一，是长清高校心理联盟校医合作秘书处单位，设有舞动治疗研究工作室。建有团体辅导、情绪宣泄、沙盘游戏治疗、个体咨询、音乐放松、心理测评6类功能室。

**（三）山东管理学院学生指导与服务中心**

中心设有人工服务、智能自助、交流活动、先锋示范四大主体区域。在先锋示范区，设有义务劳动岗和爱心驿站窗口，学生结合所学专业，学以致用，面向全校师生提供义务劳动和爱心帮扶活动。

### 三、五园区五平台网络思政教育阵地建设

山东管理学院易班（简称山管易班）网络思政教育平台与线下服务平台有机融合，充分利用互联网优势，遵循学生成长规律，占领网络阵地，传唱山管好声音，讲述山管好故事。目前注册认证人数17197人，实现在校生全覆盖，累计开展活动600余项，参与人数103600余人。

山管易班APP设有匠心园、明德园、塑心园、尚学园、智慧园等五个园区，开展思政教育、价值引领、校园服务等工作。

**（一）"匠心园"即劳动教育平台**

是培育学生深厚劳动情怀的网络阵地。设置"工匠博物馆""劳动讲堂""劳动影像""劳动榜样""劳动话题""劳动打卡地"等栏目，向学生传递劳动精神、激发劳动热情、引导精益求精、追求卓越的品质，培养感悟匠心、感受劳动乐趣的习惯，树立"劳动价值观"，其中VR工匠博物馆由我校易班发展中心师生建设而成，建有"工匠精神解读""大国工匠""劳动楷模""劳动之星""新时代奋斗者""著名劳动人物传记"等专题展区，是山东管理学院学生必修课之一。

**（二）"明德园"即德育教育平台**

结合我校线下"明德计划"项目，设置线上明德大讲堂、明德工作坊、明德行动，深入开展"四德教育"，将思政课程、课程思政内容植入其中，传承和

弘扬中华优秀传统文化，培育和践行社会主义核心价值观，使学生明德弘毅。

（三）"塑心园"即心理健康教育平台

依托我校线下"大学生健康教育中心"，以心理预约、心理辅导、朋辈交流、实践活动为主要内容，普及心理健康知识，开展学生网络心理健康教育，提供心理服务；校医联动，家校合作，设有家长微课堂栏目，拓宽心理健康教育渠道；从全员育人的视角，号召全体教职员工以"爱心、关心、暖心"的积极行动履职尽责，共同构建支持、有爱、温暖的校园支持系统。

（四）"尚学园"即学风建设平台

设置师者说、学子榜样、学子心声等栏目，开设教师与学生"键对键"课后网络辅导空间，助力学生学业发展；进行优秀学生展示宣传，使全校学生以榜样为引领，以"榜样的力量"带动学生立志勤学。

（五）"智慧园"即学生信息服务平台

结合线下"大学生指导与服务中心"，构建学生咨询及日常服务为一体的信息化服务平台。由学工、团委、教务、后勤、招就、继续教育等部门提供在线服务，满足学生诉求，及时传达各类校园咨询便于学生获取相关讯息，提供全方位生活学习服务。

**四、研发网络思政文创产品**

在线上网络思政平台建设的基础上，围绕我校人才培养目标定位，结合"明德弘毅，博学笃行"的校训设计出了山管易班熊吉祥物，8只熊代表8种我校着力培养的学生综合素质和能力：明德熊——明明；爱心熊——德德；励志熊——弘弘；才艺熊——艺艺；运动熊——波波；学习熊——雪雪；创新熊——嘟嘟；劳动熊——星星。8只熊的名字取校训八个字的谐音而成，承载校训精神，代表8种不同的优秀学生典型，引领优良学风和校风。

**五、成果**

2021年1月，在由教育部易班发展中心和山东高校易班发展中心共同开展的2020年度山东省易班共建高校先优评选工作中，我校所推出的"五园区五平台"网络育人体系荣获山东省"优秀易班共建案例"。

# 大思政视域下高校第二课堂实践育人体系建构研究

李丽娜

## 一、党政齐抓共管，联动实现目标

工商学院建立了"党政同责，齐抓共管，权责分明，责任到人"的建设方针，党政齐抓共管，学院、专业、班级三级联动，实现了教育、管理、服务、实践一体化目标。

在遵循"党建引领、多方联动、培育英才"的工作理念的基础上，工商学院构建了"党政齐抓共管、部门协同联动、学生自主管理"的一体化工作机制，充分发挥党团组织育人优势，统筹学院育人资源和力量，以思想政治教育为核心、以学生发展指导为主体、以学生事务管理为基础、以学生切身诉求为导向，将思想政治教育融入学生教育、管理、服务的工作实践，探索增强思想政治教育实效性新路径，提升育人实效。

（一）深化党建引领，坚守思政工作正确方向

工商学院始终坚持加强党的全面领导，切实承担管党治党、办学治院的主体责任，保证正确办学方向，掌握学院思想政治工作和意识形态工作的领导权，保证学院始终成为培养社会主义事业建设者和接班人的坚强阵地。学院党总支始终坚持把立德树人作为根本任务，大力加强党的基层组织建设，创新体制机制；改进工作方式，做好思想政治工作的顶层设计，把方向、管大局、保落实，将思想政治工作纳入党建和意识形态责任目标，完善思想政治工作考核办法，切实加强对思想政治工作的全面领导。

（二）学生工作协同共治，体系协同联动整体

工商学院始终坚持把师德师风作为教师评价的第一标准，引导教师做"四有"好老师；坚持把德智体美劳全面发展作为学生评价的最高要求，细化优化学生综合素质测评标准。构建"党政协同负责协调院外部门，教研室协调院内部门，辅导员带领学生自治"的三级联动工作体系，形成系统性、整体性、协同性工作格局，打造学院"三全育人"共同体，凝聚育人合力，提高人才培养质量。

（三）坚持以学生为中心，增强育人工作温度厚度

在着力加强学生日常思政教育的基础上，工商学院注重将思政教育融入日常工作实践中，拓展思政教育的有效途径，搭建起学生自我服务、自我教育、自我管理的成长平台，不断滋养思想政治教育实践，使学生在潜移默化中接受教育，引导学生厚植家国情怀，增强社会责任感，在学院学生中形成争当先锋表率、勇于担当作为的良好氛围，形成示范效应，从而提升铸魂育人实效。

## 二、筑牢思想根基，全面推进"六个体系"建设

工商学院贯彻落实全国、全省高校思想政治工作会议、教育大会和学校思想政治理论课教师座谈会精神，坚持以习近平新时代中国特色社会主义思想为指导，紧紧围绕创建一流应用型本科院校的目标，坚持以社会主义核心价值体系教育为核心、以校风学风建设为重点、以服务学生为宗旨、以团学组织为依托、以校园文化活动为载体，积极全面推进学生思想政治工作"六个体系"建设，确保校园和谐、学生思想稳定。

（一）坚持以思想建设为先，构建思想育人体系

1. 实现全过程育人。工商学院构建了分阶段、有重点、逐年提升的思想育人体系。针对大一学生，重点关注新生心理状况，帮助新生尽快适应大学生活，做好大学生职业生涯规划的教育和指导；针对大二学生，重点对学生进行专业知识教育，引导学生正确认识专业建设的目标优势和特色；针对大三学生，重点进行创新创业能力教育，强化专业科研训练和见习实习活动；针对大四学生，重点加强社会责任教育，引导学生树立正确的成才观和就业观。

2. 实现全员育人。重点抓好党政干部和共青团干部、任课教师、辅导员班主任、学业导师和心理咨询教师等队伍建设，多点发力、形成合力、共同育人。

3. 实现全方位育人。利用好学生喜闻乐见、接受程度高的思想政治工作阵地，加强阵地思想引领，创新内容承载方式，多路径实现党组织思想建设与立德树人的融通发展。用好易班平台，实现党的思想建设和立德树人教育的信息一体化；用好校园新媒体平台，增强思想政治教育的针对性、实施性及有效性。例如，工商学院在官方微信公众号上开展了工商学院新时代好青年评选活动，挖掘和选树先进青年典型，充分发挥先锋模范和典型辐射作用，激励我院学生崇尚先进、勤奋向上。为展示青年朝气蓬勃、奋发有为的青春风采，工商学院还举办了"不忘初心跟党走，牢记使命勇担当"主题演讲比赛。

(二) 坚持以校风校纪建设为重点，构建学生行为教育体系

1. 制度建设，重在长效。努力实现学生管理的规范化、制度化，修订完善《工商学院学风建设实施方案》，严格执行课堂考勤制度，创造良好的课堂秩序，坚决杜绝迟到、早退、旷课现象，及时严格处理违纪；严格执行请假制度，严抓考试纪律，严肃考风考纪，加强学生宿舍管理。

2. 过程管理，细化责任。发挥学生工作的作用，做好考勤统计工作，及时进行迟到、旷课等学生的思想教育及违纪处分工作，制定学风督查办法，引导学生由"要我学"转变为"我要学"；鼓励学生班级开展主题教育、团日活动等活动，激发学生遵守校规校纪的主动性、积极性和创造性。

3. 采取严格管理和学生自律相结合的模式，使规范系统和疏导系统互相制约、互相协同。

(三) 坚持资助与育人相结合原则，构建贫困学生资助工作体系

1. 注重进行帮困扶贫。工商学院严格按照各类奖助学金评审办法，进行经济困难认定、学生资助、勤工助学等工作，实现科学规范管理。

2. 注重进行能力培养。注重增强贫困生的专业技能，锻炼专业知识的运用能力，引导学生不断地调整知识结构，提升竞争实力。

3. 营造环境功能。通过定期开展诚信教育，开展诚信教育主题演讲大赛，

培养学生诚实守信的品质。加强励志教育，培养受助学生顽强拼搏、奋发向上的精神，增强其自信心。此外，广泛动员师生帮助困难学生提振自信、夯实学业、锻炼能力、创业就业。

（四）推进校园文化建设，打造文化育人体系

1. 网络文化育人。工商学院注重构建网络文化育人的重要前沿阵地，积极传播先进文化。在学院"双微"平台建设中，注重积累，融合发展，充分开发网络资源，将教育、管理、服务等功能进行融合，从青年学生关心的社会热点问题、学校新闻、校园生活等角度切入，把握契机，抓住开学季、招生季、毕业季、特殊事件等关键时间节点，积极开展思想价值引领、学习具体指导、生活指导和详细的心理咨询等。

2. 传统文化育人。引导学生不断探索传统文化的内核价值，大力弘扬民族历史和地方特色，增强学生对传统文化的认同感和自信力，增强学生的国家认同、民族认同和文化认同。

3. 红色文化育人。充分利用好"主题班会"这个开展了"红色文化"育人的主渠道、主阵地，开展相关活动，大力弘扬红色文化。例如，2021年6月，工商学院开展"追忆百年党史，传承红色基因"党史宣讲会。

4. 校园文化育人。工商学院把校园文化的内涵与思想教育结合起来，开展艺术文化、体育文化、科技创新、心理健康等方面的活动，鼓励学生积极参与到具有丰富文化底蕴的活动中。工商学院把每年的10月份固定为劳动教育月，将持之以恒地开展劳动教育活动，引导学生崇尚劳动、尊重劳动，报效国家，奉献社会。2020年4月，工商学院"着眼梦想未来，规划精彩人生"系列活动，增强了同学们职业生涯规划的能力与职业发展意识。2020年6月，学院举办了"万有音力，唱响青春"歌唱比赛。

（五）健全心理健康教育工作机制，构建全方位工作体系

多年来，工商学院坚持"以学生为本、立足教育、重在预防"的工作理念，十分关注学生心理健康，注重教育与指导、课内与课外、咨询与干预相结合，不断提高大学生心理健康教育科学化水平和大学生心理素质，促进学生全面发展。一是构筑心理健康教育主渠道。形成三级教育网络，完善工作机制，目前学院已形成班级（学生心理互助小组）—学院（心理健康教育工

作站）—学校（学校心理健康教育指导中心）三级心理健康教育防护网络。二是构建心理健康教育主防线。对学生进行心理健康知识的宣传、教育和心理疏导、心理干预，并将心理健康教育纳入学校思想政治教育工作体系，与日常思想政治教育紧密结合，使心理健康教育工作渗透到育人的每一个环节。三是建立健全危机预警和干预机制。建立了"五早"预警机制，即早发现、早报告、早预防、早监护、早干预。明确了五个重点监控时段，即新生入学后、季节交替前后、考试前后、变故发生后、毕业生离校前。确定了9类需要重点关注的学生，即存在经济贫困、言行异常、单亲家庭、感情受挫、学习困难、痴迷网络、就业困难、人际关系紧张、家庭重大变故情况的学生。在5.25心理健康节期间，工商学院组织开展了"工商树洞""时间胶囊""微笑进行时"图片打卡活动，"随手拍幸福"拍照活动，"心有灵犀，凝聚你我"团体心理辅导等活动。此外，我院获得生命教育主题班会三等奖。

（六）高度重视学管干部队伍建设，构建思政队伍教育管理体系

1. 严格把控学生干部队伍的准入门槛。在思想道德方面，学生干部在思想上要更具先进性、自尊性、自律性和奉献性，要时刻把集体利益摆在个人利益之前。学院在选拔和任命学生干部时，注重做好基层调研，特别是重视来自辅导员和学生对其的评价，从而选拔服务意识强的干部。在个人能力方面，学生干部需要成绩优秀，能在同学中发挥榜样的作用。此外，学生干部需要有较强的策划和组织能力、一定的统筹协调能力。

2. 建立完善的培训体系。注重增强学生干部的责任感和使命意识，重视提升学生干部队伍的心理素质，积极组织举办学生活动，鼓励学生干部自我管理、自我教育，为学生干部们提供创新平台，挖掘他们的潜力。

3. 完善学生干部管理制度。包含奖罚制度、考核制度、监督制度等的建立，加强对学生干部队伍的管理。

4. 探索"互联网+第二课堂"的育人模式。针对大学生善于运用网络新媒体的特点，工商学院重视新媒体硬件的开发、建设和维护，在校园内构筑起由易班、微信、微博、QQ等综合运用的新媒体育人平台。同时，整合校园内各种新媒体资源，有效发挥高校育人体制内多种新媒体的融合育人功能，力求达到新媒体育人效果的最大化。

**三、创新思政工作模式，打造多样化育人平台**

习近平总书记指出，要重视和加强第二课堂建设，重视以文化人和实践育人。同时，做好高校思想政治工作，要因事而化、因时而进、因势而新。因此，在大思政视野下，工商学院针对大学生善于运用网络新媒体的特点，逐步探索出了"互联网+第二课堂"的育人模式，对助力学院青年学生成长成才，取得了一定的成效。

（一）加强"互联网+第二课堂"制度建设，形成有效运行机制

基于大思政背景下，我院注重第二课堂实施与新媒体平台建设相结合的育人模式，形成了较为完整的制度规范。根据《山东管理学院"第二课堂成绩单"实施方案》，拟定了适合我院学生人才培养规划的《工商学院"第二课堂成绩单"实施方案》，根据我院专业特色及学生思想发展特点，制定了《工商学院网站管理制度》《工商学院新媒体平台管理办法》《工商学院易班平台建设实施方案》等新媒体平台的实施及管理制度，以此保障机制，为工作的开展提供指导，力图行之有效，确保育人质量。

（二）基于网络教育平台，搭建新媒体育人平台

充分利用"互联网+"网络教育平台，紧跟时代脚步，增强教育内容的时代感和潮流感，在校园内搭建起由易班、微信、微博、QQ等综合运用的新媒体多元化的育人平台。充分利用多元多形式的网络内容，增强学生学习的丰富性和趣味性，利用互联网随时掌握学生的思想动态，把握好意识形态工作的主动权和话语权，为育人实效的提升添砖加瓦。

（三）注重学生个性化培养，提升实践育人成效

工商学院注重以学生的个性化综合素质培养为中心，关注对学生主体性与积极性的培养，基于学生的身心发展需求，结合学生自身的兴趣爱好，以新媒体平台为载体，为学生创建具有时代特征、典型特色和育人意义的教育活动，促使学生以饱满的热情、积极主动地投入第二课堂的学习，科学布局、统筹谋划，拓展育人路径，优化育人方式，培养学生的综合素养，着力提升高校的实践育人成效。

## （四）整体动态性相结合，着力提升育人实效

在第二课堂实践育人模式的基础上，遵循整体性和动态性相融合。一方面，注重对学生基础知识、基本专业技能的培养；另一方面，充分利用新媒体媒介，为学生搭建展示自我的平台，激发学生对第二课堂的求知欲和探索欲，实现教学与实践一体化的育人模式。同时，动态地掌握学生的第二课堂实际学习情况，以挖掘学生自身的实际需求为前提，全方位调整、优化育人方案，进而增强高校第二课堂育人的实效性。

## 四、建构"第二课堂"育人模式，拓展"第二课堂"实践育人载体

近年来，工商学院通过社会服务型实践教育、劳动服务型实践教育、校园文化型实践教育、思想政治理论课型实践教育、企业家精神培育型实践教育、科研创新培养型实践教育等多种形式，建构"第二课堂"育人模式，拓展"第二课堂"实践育人载体。

### （一）增强学生服务意识，开展社会实践活动

2020年上半年疫情防控期间，学院入党积极分子王雪婷、班级副班长陈浩等20余名学生积极参与到家乡疫情防控工作中，他们对过往行人进行防疫检查和登记，对来往车辆进行消毒，宣传防疫知识，对年节期间走街串巷的村民进行防疫劝返，为社区防疫阻击战注入青年力量。2020年暑期，工商学院共组成了65支团队，94支个人团队，收取了341份实践报告，共有5个校级立项团队和90个院级立项团队。社会实践活动考核为优秀的有101人，推荐优秀团队6支、优秀个人17人，我院被评为校级优秀组织单位，4支队伍被评为校级优秀团队；除此之外，红之行、鲁志调研团、筑梦人社会实践团队分别获评校级最佳宣传奖、最佳调研奖、最佳帮扶奖。李悦、刘清浩、朱红礼、房恒、丁文淼、张钊源获山东省大中专学生志愿者暑期"三下乡"优秀学生；"红之行"获山东省大中专学生志愿者暑期"三下乡"优秀团队。在活动宣传及报道方面，2020年我院社会实践队伍共编发简报19期，国家级网站报道2篇，省级网站报道2篇，校级网站报道1篇。寒假期间，我院学生也积极开展社会实践活动，多位同学获得当地表扬。

## （二）多措并举，扎实推进劳动教育

工商学院举行劳动教育月系列活动，活动分为"以劳树德""以劳增智""以劳强体""以劳育美"四大版块，邀请蔺红霞和李仁壮两位老师开展齐鲁大工匠事迹报告会；认领明德楼周边区域为劳动责任区，组织学生积极开展志愿清扫活动；辅导员到学生宿舍送消毒用品，带领学生进行宿舍全方位消毒；开展烟火夜市活动，感受生活的乐趣；"党建带团建"户外拓展活动组织进行园博园20公里健步走。此外，工商学院还组织了"记录身边劳动美"师生摄影大赛、"劳动最美丽，奋斗最青春"主题征文活动、"劳动光荣，青春无悔"主题班会、宿舍卫生评比等一系列活动。通过扎实、有序、科学地开展劳动教育月活动，帮助学生树立了正确的劳动观念，提升了劳动技能，为他们将来走向社会打下了良好的基础。

## （三）加强思想政治教育，提高青年团员思想觉悟

学院团总支积极响应学校党委团委、学院党总支号召，学院党总支高度重视，坚持以党建带团建，积极组织开展青年马克思主义工程，组织学生自觉学习青年大学习，开展主题教育，提升团员同学的思想水平。工商学院团总支邀请专家学者作报告10次；团总支开展宣讲24次，参与人数累计2000余人次。开展具有影响力的主题教育12次，线上线下交流活动10余次，参与人数1000余人。我院开展了以"学习典型案例，弘扬核心价值""学习好榜样，传播正能量""讲好普通话，弘扬民族文化""学习贯彻党的十九届五中全会精神"等主题讲座和团课活动。通过开展各类活动加强大学生思想政治教育，提高了青年团员的思想政治素质和政策理论水平，引导学生成长为政治坚定、知识广博、能力卓越的青年马克思主义者。

通过思想政治教育，我院涌现了大批优秀团员学生。厉志勇获全国无偿献血先进个人、山东省青年志愿服务先进个人；徐智浩获评山东省大学生"青春贡献奖"；在山东管理学院2020年"身边榜样·最美青年"五四先锋中我院10位同学在最美、爱岗敬业、勤学上进等7个方面获评最美青年。

## （四）开展企业家进课堂，加强学生企业家精神培育

工商学院为培养学生企业家精神，邀请优秀企业及校外导师共同探讨产教融合协同育人新模式、新路径，持续提高应用型人才培养质量，于2020年

10月31日举办校外导师聘任仪式暨首届管理实践论坛，为山东管理学院"校外导师"的29位企业家、行业专家及企业高管颁发聘书，与山东开创集团股份有限公司、贝壳（山东）互联网有限公司等企业签订校企合作协议并进行实践教学基地授牌仪式。企业家后期陆续深入课堂一线为相关专业学生授课，将最新的企业管理核心技术应用场景、行业动态等传递给学生。

（五）积极参与创新创业大赛，提升学生科研创新培养

工商学院以立足山东，面向管理、服务一线，商工融合、理实一体，重品行、重能力，以培养适应区域经济社会发展需要的精管理、懂技术、善创新的高素质应用型人才为特色发展目标定位，致力于提升学生创新创业能力，不断突出创新创业优势。我院组织院级比赛2项、校级比赛5项，取得了第六届山东省"互联网+"大学生创新创业大赛金奖1项，秦珑老师获评"优秀指导教师"；第五届全国"互联网+"快递大学生创新创业大赛国家级铜奖1项；第十一届"挑战杯"山东省大学生创业大赛省级铜奖1项等荣誉，在各项比赛中展现了工商教师和学子的风采。我院获评2020年度山东管理学院第二届大学生科技文化节优秀组织单位，85名同学获评优秀学生，15位教师获评优秀指导教师。我院积极引导学生开展学术研究，建立科研小组，开展科研讲座，2020年至今学生共发表论文5篇，在发论文4篇。

## 五、总结

在大思政视域下，工商学院以第二课堂为载体，将实践活动与服务国家战略和区域发展相结合、与促进工商学子就业创业相结合、与培养应用型人才相结合，充分发挥了学科优势，精准地为管理专业学子打造实践项目。在今后的工作中，工商学院仍将继续基于学生发展，整合各方力量，打造大思政格局，坚持立德树人，实现"三全育人"。

# 山东管理学院融合现代信息技术赋能管理类专业特色发展

代建军

新科技和产业革命浪潮奔涌，推动融合发展是新文科建设的必然选择。山东管理学院作为一所应用型本科高校，紧跟新一轮科技革命和产业变革新趋势，围绕区域经济发展对现代管理的新需求，结合新文科建设的要求，积极推进管理类专业与现代信息技术相融合，与其他学科交叉融合，打造管理类专业特色。

**一、"优化+融合"激发传统专业活力**

近年来，学校持续优化专业结构，推进专业间交叉融合，利用新技术赋能改造传统管理类专业。主动布局大数据管理与应用、网络与新媒体、艺术与科技等新兴专业，积极推进专业间交叉融合。会计学、财务管理、审计学、资产评估等专业融入"大智移云物区"新技术，开展智能会计、数字财务管理、数据式审计、智慧资产评估等新文科专业建设。市场营销和物流管理等专业推进"管理+技术"专业建设，打造数字化营销和智慧物流等专业特色。电子商务专业充分利用数字技术，突出培养学生创新创业能力，社会服务成效显著。在电商扶贫和乡村振兴领域，师生团队为山东省9个地级市30个县（区）开展电商扶贫服务，打造"中国淘宝村"8个、"中国淘宝镇"2个，销售额近亿元。

## 二、"重构+跨学科"突出应用能力培养

学校重构课程体系，开设跨学科、跨专业新兴交叉课程和实践教学课程。管理类专业在课程体系中主动融入数据思维、数字素养、数字化运营能力和数据分析能力等技术课程模块，培养具有数据应用能力的管理人才，"商工融合、劳创共驱"的应用型人才培养模式研究与实践获批省级教学改革项目。《管理学》课程挖掘优秀传统文化，讲述身边的管理故事，引入企业新技术案例，获评省级课程思政示范课程和省级一流课程。《市场营销专业创新创业实践》获评国家级一流课程。

## 三、"融入+实践"强化实践教学活动

学校建设管理类数字实验实训室，将新技术融入学生实验实训环节。重点建设数字化营销实验室、智慧物流与供应链综合实训室、智能财务管理实训室、数据式审计实训室等实验实训室，将数字技术融入课程教学和实践教学，培养学生的跨领域知识融通能力和实践能力。《基于区块链技术的加密货币交易结算虚拟仿真实验》和《助力乡村振兴——农产品电子商务虚拟仿真实验》获评省级虚拟仿真实验教学一流课程。

依托现代信息技术，推动产教深度融合，提升专业建设成效。在现代管理和信息技术领域，"泰山学者"技术团队开创了政务云计算服务模式，为山东重工集团、三箭集团、济南轨道交通等100多家企业定制开发云服务应用产品；2020年新冠疫情期间，为济南市大数据局、司法局、总工会等20多家单位提供政务云服务。中医药云服务实验室为52家医疗机构提供数据收集及挖掘分析服务。2021年，"大数据智慧养老+信息化服务平台"获山东省第二届数据应用创新创业大赛二等奖。在乡村振兴领域，建设乡村振兴齐鲁样板示范村2个，制定美丽乡村建设规划17个；出版的《人才振兴——构建满足乡村振兴需要的人才体系》为五级书记读本、党员干部培训读本，获国家出版基金资助。

经过多年建设，山东管理学院管理类专业的优势特色逐步显现。劳动关

系和财务管理专业获批国家级一流本科专业建设点，智能技术和应急管理学科交叉方向获批国家级新工科研究与实践项目。获批省级一流本科专业建设点 2 个，省级高水平应用型专业群 1 个，省级应用型人才培养资助专业 1 个。工商管理类专业应用型创新创业教育模式获省级教学成果一等奖；基于"工匠精神"的审计学专业应用型创新人才培养研究与实践获省级教学成果二等奖。

# 构建分层次、模块化、全过程实践教学体系，全面提升实践育人水平

杨 燕

习近平总书记指出，"新时代新形势，改革开放和社会主义现代化建设、促进人的全面发展和社会全面进步对教育和学习提出了新的更高的要求。"新形势赋予了高等教育新的任务，实践教学作为人才培养关键环节，在培养专业素养、创新能力的同时还肩负着引导大学生服务社会、融入社会，养成正确世界观、人生观和价值观的职能。

学校主动适应区域经济社会发展需求，围绕学校人才培养目标，坚持"学生中心、产出导向、持续改进"的理念，制定各专业人才培养方案，明确知识、能力、素质等培养要求，完善通识教育、学科基础教育、专业教育、集中实践和第二课堂5个课程平台。围绕"一个坚持、二个导向、三个强化"构建应用型人才培养课程体系。一是坚持立德树人，构建包含思政育人、专业育人、实践育人、文化育人、劳动育人的"五位一体"德育体系。二是遵循标准导向和产出导向，对标本科专业教学质量国家标准，"反向设计、正向实施"人才培养方案，明晰培养目标，确定毕业要求和核心能力，建立课程与毕业要求的对应矩阵关系。三是强化实践教学，构建课内和课外、校内和校外、分散和集中相结合的分层次、模块化、全过程的实践教学体系。提高实践教学学分比例，人文、经管、艺术类专业实践学分比例不低于25%，理工科专业实践学分比例不低于30%。四是强化劳动教育，开设4门劳动教育通识必修课程，设置劳动教育通识选修模块，设置专业公益劳动周，将劳动教育融入实习实训、专业调研、社会实践、创新创业和第二课堂，形成了综

合性、实践性、创新性的劳动教育课程体系。五是强化创新创业教育，融入人才培养体系，纳入学分管理。学校高度强化实践教学重要地位，深化实践教学改革，不断完善实践教学体系。

## 一、以应用实践能力为目标，构建分层次实践教学体系

实践教学主要以培养大学生的应用实践能力为目标，整合校内校外的实践教学资源，设计实践教学内容，使学生具备毕业后踏入工作岗位所需的专业素养，增强大学生的就业能力、工作能力、创业能力和可持续发展能力。学校基于应用实践能力培养要求，按照"由浅入深、强化能力"的原则，在实践教学体系中分"基础层次、专业层次、综合层次"三个层次，循序渐进地构建实践教学课程，侧重操作性和专业技能的应用，使学生从最基础的实践验证逐渐过渡到综合创新能力培养上。第一层次是基础与认知，以学科基础课实验和认知训练为主，加强学生对原理和概念的深入理解，培养学生对科学现象的观察和分析能力；第二层次是专业基础与技能，以专业课实验、工程教育、技能训练为主，培养学生基本的专业实践能力；第三层次是综合训练与创新，以课程设计、毕业设计和各种综合实践为主，培养学生综合运用所学知识解决实际问题的能力，提高学生的创新意识。

## 二、第一课堂+第二课堂有机融合，构建模块化实践教学体系

第一课堂是人才培养的主渠道，第二课堂是第一课堂的延伸，是丰富教学内容、增强教学效果的有效载体和必要补充，两者紧密联系，是一个统一的整体。学校一直积极探索第一课堂与第二课堂有机融合，重构实践教学内容，改造提升专业实践教学知识体系，构建了课内和课外、校内和校外、分散和集中相结合的模块化实践教学内容体系，由素质拓展模块、实验教学模块、实习实训模块、论文设计模块、科研创新模块五个模块组成。素质拓展模块重在加强对学生社会认知能力、适应能力及良好社会品质的培养，包括军事理论与训练、"两课"实践课程、公益劳动、体育训练课程、大学生社会实践、文艺创作等内容。实验教学模块主要包括课内实验、独立实验和集中

实验课程。课内实验指人才培养方案中的理实一体课程，主要由学科基础实验课程组成，理论学习与实验项目相结合，激发学生学习兴趣，促进学生认知能力发展；独立实验课程主要由专业课程实验组成，旨在通过掌握专业技能，提高学生分析问题和解决问题的能力；每个学期专门设置一周时间进行集中实验课程，通过综合性、设计性、创新性实验项目提高学生的应用能力和创新能力。实习实训模块重在强化学生专业技能训练和专业综合能力训练，培养学生求真务实的科学态度、严谨细致的作风、顺利适应社会发展的职业技能和素养，主要包括认知实习、生产实习、专业实习实训、毕业实习等内容。论文设计模块重在培养学生综合运用所学知识和技能，理论联系实际，独立分析和解决实际问题的能力以及遵守学术规范，恪守学术道德的精神，主要包括课程设计、学年论文、毕业论文（设计）等课程。科研创新模块重在发挥学生的创新思维，巩固和提升学生的理论知识，提高创新能力，包括学科竞赛、创新创业类项目、开放实验项目等项目。同时科学设计和组织开展内容丰富、形式新颖、吸引力强的思想政治、科技创新、社会实践、文化体育、技能拓展等第二课堂活动，促进学生思想道德素质、科学文化素质和身心健康素质协调发展，促进学校教育质量提升，促进学生健康成长成才，实现了第一课堂和第二课堂有机融合、协同育人的效果。

**三、深化产教融合，构建全过程实践教学体系**

"深化产教融合、校企合作"是习近平总书记在党的十九大报告中对新形势下优先发展教育事业、推进人力资源供给侧结构性改革所提出的一项重要的要求，是国家对学生理论和实践教学的一项重大导向性调整。学校主动服务区域经济社会发展，围绕"能力为重、突出应用、产教融合、强化特色"的应用型人才培养理念，深入开展校企、校地和校会合作，将行业新发展、新技术引入实践实验项目，提升专业与行业、产业的符合度、依存度、共享度，推进培养规格对接行业需求、课程内容对接职业标准、毕业论文（设计）对接真实项目、考核评价对接核心素养和关键能力，形成了以"四个对接"为主要特征的产教融合协同育人应用型人才培养模式。各学院结合专业特点进行人才培养模式改革创新，其中：智能工程学院"双螺旋"人才培养模式获省级教学成果一等奖；信息工程学院构建"学赛研创四位一体"人才培养模式；经贸学院以服务乡村振兴和中小企业为驱动，实施"学业、产业、就业、创业"四业贯通融合；劳动关系学院实施"双核驱动、分类培养、多元协同"的应用型人才培养；人文学院构建"全学段、四结合、阶梯式"校企合作人才培养模式；会计学院构建工匠精神养成嵌入实践教学的"五段渐进"人才培养模式。

学校制定《山东管理学院关于加强产学研合作教育的实施意见》《山东管理学院校企合作管理办法》等多项制度，坚持合作共赢、创新合作模式，与历城区金融大厦、长清区梦翔小镇、济南经济开发区、济南创新谷和凤凰山产业园等企业集群开展合作，覆盖1500多家企业，吸纳行业、企业参与人才培养全过程，推进产学研合作教育不断创新发展。所有专业均引入行业、企业专家参与专业建设，从人才培养方案修订、课程建设、实践教学、师资培训、就业创业等多方面开展深入合作，推动产学研深度融合。各专业成立专业建设委员会，聘请相关高校及行业、企业高水平专业技术人员担任顾问，共同完成专业人才培养方案的动态优化工作。强调教学内容与人才培养目标的紧密对接，根据市场需求和学生特点，优化整合课程体系结构，形成理论支撑实践、实践深化理论、理论与实践相互促进的综合性课程体系。充分发挥学校及企业的优势，以学校"走出去服务"、企业"请进来合作"的协同战略模式，增强学校服务地方经济社会发展水平，同时将企业真实案例和企业家创业精神引入课堂，促进产教深度合作，增强办学活力，共同完成具有创新精神的高素质应用型人才的培养工作，实现校企互利共赢。

**四、搭建实践教学平台，全面提升实践育人水平**

学校搭建三大实践教学平台，包括校内实践教学平台、网络实践教学平台和校外实践教学平台，为全面提升实践育人水平提供保障。校内实践教学平台主要包括计算机房、专业实验（实训）室、综合性实验（实训）中心等；网络实践教学平台主要包括虚拟仿真实践教学平台、校友邦大学生实习实践平台等；校外实践教学平台主要包括校外实习实训基地、大学生创新创业实践基地、校企共建就业基地等。学校一是创新多方协同、产教融合实践育人平台建设与运行机制，与企业共建实验室、实习实训基地，引入先进实训资源，为学生创造一流实习实训环境，积极探索产业学院建设，改革实践育人模式；二是不断深化实验教学管理体制改革，积极探索各类实验室不同形式的开放共享，激发校内资源积极整合，提高实验教学资源的利用率，同时加强信息化网络实践教学平台建设与管理，为学生参加各类实践教学活动提供便利条件，实现实践教学管理育人；三是加强师资队伍建设，建立教师定期到企业实践制度，定期选派教师到基地挂职锻炼，建设优势互补的"双师型"团队，引导教师主动将科研课题与学生的创新创业相结合，实现科研设备、科学实验在人才培养中的普遍应用，全面提升实践育人水平。

实践出真知，实践教学对学生良好人格的养成和劳动意识的树立具有重要的价值。新形势、新任务更要充分发挥实践教学的育人职能，在实践教学中开展德育、劳动教育，让学生融入社会，投身劳动，统筹协调好第一课堂、第二课堂的关系，对接社会大课堂，寓品德教育于社会服务之中，将劳动教育与德智体美的教育结合起来。

# 从山东战"疫"支援
# 看新时代沂蒙精神的德育价值与路径创新

李 娜

2020年年初,新型冠状病毒疫情暴发。之后,随着春运的开始,疫情很快向全国各地扩散。中国人民迅速打响抗击疫情的全面阻击战。在抗击疫情的过程中,山东人民集中表现出踊跃报名参加一线救援的革命热情和捐款捐菜、捐粮捐物、众志成城支援前线的"沂蒙精神",为全国人民的战"疫"支援行动做出了良好表率,为疫情防控做出了巨大的贡献,不少故事和画面让人感动、泪目。

沂蒙精神产生于新民主主义革命时期,主要表现为沂蒙人民拥护和热爱党的政治信仰、前赴后继踊跃参军、沂蒙红嫂模范支前的光辉事迹。在战火纷飞的年代,这些舍生忘死、无私奉献、可歌可泣的举动,为抗日战争和解放战争的胜利做出了巨大的贡献。

而今沂蒙精神的再次高扬,展示了沂蒙精神在当今和平年代仍然保有的强大社会功能,也充分证明了沂蒙精神与时俱进、历久弥新的宝贵价值。如何在青少年思想道德教育中加强沂蒙精神教育,让沂蒙精神生生不息地传承下去,是疫情给我们留下的一个重要课题。

## 一、沂蒙精神的科学内涵与核心特征

要做好沂蒙精神的传承与发展,必须准确理解沂蒙精神的科学内涵与核心特征。而要把握其内涵与核心,必须了解沂蒙精神产生、形成和发展的过程。

沂蒙精神发源于山东省的沂蒙地区。沂蒙地区的东夷文化使沂蒙人民继承了吃苦耐劳、修政治军、变革图强的优秀品质；东夷文化演变出来的齐文化又使沂蒙人民更加坚毅，绝不屈服于恶劣环境；沂蒙地区的儒家思想代表人物子路、曾子等进一步促进了鲁文化在沂蒙地区的传播。东夷文化、齐文化、鲁文化等的融合形成了沂蒙人民重义轻利、乐于奉献、果敢进取的总体性格特征。

沂蒙精神主要诞生于近代中国人民革命战争时期。在该时期，沂蒙人民参与了多次反帝反封建斗争。在抗日战争初期，沂蒙人民就积极报名参军、主动支援前线，蓬勃开展各种抗日救亡运动。在"一切为了前线"口号的鼓舞下，沂蒙地区涌现出大量的先进英雄模范人物，"母亲叫儿打东洋，妻子送郎上战场"一时成为感人至深的现实景象，仅费南县一次就有近千人参军抗战。沂水县的彭大娘、临沂县的任大娘纷纷带头送子参军，苦大仇深的傅建彬兄弟三人一起参军。在"一切为了打败日本侵略者"的号召下，当时沂蒙山区的420万人中，参军入伍者多达20万人，支援前线的更是多达120万人。广大人民群众纷纷自发地结成组织，开展拥军劳军活动：送弹药、救伤员，主动参与战场勤务；制作军鞋、缝补军衣、推米磨面、制作干粮和草料，向前线送军衣军粮；腾出住房，全力掩护军政人员和伤病员，优待抗战烈属，帮助哺育八路军战士的后代；等等。"最后一碗米送去做军粮，最后一尺布送去做军装，最后一件老棉袄盖在担架上，最后一个亲骨肉送去上战场"是对当时沂蒙人民大爱举动的真实写照。从1946年到1948年，沂蒙地区出现了四次大参军运动，报名参加解放军的优秀子弟兵共近60万名，及时扩充了华东野战军的规模，极大地增强了解放军的作战能力。[①] 以沂蒙山革命老区为代表的齐鲁大地人民，用独轮车、纺车、錾子等特有的"武器"为抗日战争和新中国的成立做出了不可磨灭的贡献。

战争中妇女的光辉事迹是沂蒙精神值得铭记的一大特色。在革命战争年代，沂蒙根据地中青壮年男性大部分已参军支前，剩下的多为妇女、老人和儿童。相对于老人和儿童，妇女承担了更多、更重要的职责。她们夜以继日

---

① 李洁. 沂蒙精神及其当代价值[D]. 北京：首都师范大学，2014.

地缝制军装、碾米磨面、制作煎饼，将军粮军装送往战争前线；伤员被送进村后，妇女们为伤员擦洗伤口、喂饭、洗衣，轮班精心照料；在行军的路边，妇女们设立了茶水站，并亲自将茶水送到战士们面前。此外，妇女们还经常充当部队带路员或送信员，勇敢地掩护八路军战士。最令人感动的是，部分妇女冒着枪林弹雨，奔赴前线，帮助部队修路架桥，送弹药、抬担架。其中涌现出了带领姐妹在齐腰深的河水中用身体架起火线桥的"沂蒙大姐"——李桂芳、冒死救助掩护伤员的"八路军母亲"——祖秀莲和"沂蒙识字班""沂蒙六姐妹"等女性群体。在斗争极为残酷的战争岁月中，为了支援前线，不少沂蒙妇女都献出了鲜血乃至生命。这种慷慨无私的崇高情怀，生动而深厚地表达了以沂蒙妇女为代表的根据地人民对党的无限热爱和忠诚。正如诞生于沂蒙根据地的革命歌曲《跟着共产党走》所唱："年轻的中国共产党，你就是核心，你就是方向，我们永远跟你走，人类一定解放！"革命时期的沂蒙人民用热血的行动充分展现了听党话、跟党走的坚定政治立场。

沂蒙精神根植于沂蒙大地古老的文化传统，在不同的历史时期表现为不同的形式。在干事创业的建设新时期，沂蒙精神的内涵与时俱进，展现出了强大的生命力。在社会主义建设时期，沂蒙精神体现为"厉家寨精神"；在改革开放新时期，沂蒙精神又体现为"九间棚精神""沈泉庄精神""经济开发区精神"和"兰田商城精神"等。[①] 新时期沂蒙精神的主要内涵被总结为"爱党爱军、开拓奋进、艰苦创业、无私奉献"[②]，主要体现为"大义、大爱、实干和创新"。但无论时代如何变迁、沂蒙精神如何与时俱进，由于沂蒙精神最初产生于革命年代，因而其本质上仍是一种深刻反映特定党群关系的革命精神，其真谛仍是"党把人民当亲人，人民和党心连心"[③]，其生成得益于党的群众路线，又在很多方面丰富了群众路线的内涵。[④]

综上，沂蒙精神是沂蒙地区人民在长期的革命和建设实践中塑造的本地

---

[①] 安盈洁. 沂蒙精神及其时代价值研究 [D]. 兰州：西北民族大学，2014.
[②] 松章，景智. 纪念江总书记"弘扬沂蒙精神　振兴临沂经济"题词五周年座谈会 [J]. 发展论坛，1997：9.
[③] 韩延明. 沂蒙精神的血脉与真谛 [J]. 高校辅导员，2011：5.
[④] 李纪岩，张传民. 弘扬沂蒙精神　践行群众路线——"沂蒙精神与群众路线"研讨会综述 [N]. 人民日报，2013-05-08.

区的整体性格特征和精神追求,是在历史发展中形成的一种先进的群体意识,它由传统精神、革命精神、时代精神构成,与其他革命老区精神一脉相连,都是中华民族精神、中国革命精神的重要组成部分。[①] 沂蒙精神具有地域性、先进性特征,具有无私奉献的品性、以人为本的品格,但同时又具有开放性、互动性、时代性、实践性特征,具有与时俱进的品质,是新时期山东精神的重要内容和中国精神的重要组成部分。基于这些特质,沂蒙精神必定会随着时代的前进不断自我繁衍、丰富自身,实现其理论内容和社会功能的创造性转化和创新性发展。

## 二、沂蒙精神在山东战"疫"支援中的集中体现

沂蒙精神对今天加强党的建设、振奋民族精神具有重要现实意义。[②] 山东省在北方各省中的经济实力相对领先,但相比南方一些省份尚存差距。尽管如此,每次国家有难,山东都冲在前面。在2020年这场没有硝烟的新冠疫情阻击战中,齐鲁人民重新演绎了当年百万独轮车支援前线的感人情景,唱响了沂蒙精神的新时代壮歌。山东战"疫"支援中的沂蒙精神集中体现在以下两个方面:

1. 爱党爱军,无私奉献,心系同胞安危,广泛发动硬核式援助的大格局

在2020年抗击新型冠状病毒疫情的战役中,作为一个人口1亿多的沿海大省,山东自己的防疫工作本身已然十分艰巨,但在做好自己工作的同时,山东始终在不遗余力地支援湖北。1月25日起,山东多次抽调医护人员驰援湖北,并在湖北成立了由山东省委副书记任指挥长的前方指挥部。之后,山东共陆续派出12批次援助湖北的医务人员,共计1752人,仅次于广东、辽宁、江苏和浙江。

前方缺什么,山东就送什么。战"疫"期间,各种工农业物资从山东各地生产、装货、发车,源源不断送往湖北。为了保证湖北尤其是武汉人民有

---

① 刘长飞,李洪彦.沂蒙精神与全面建设小康社会理论研讨会综述[J].临沂师范学院学报,2004:5.
② 齐惠亭.山东省首届"沂蒙精神"理论讨论会综述[J].山东师范大学学报(社会科学版),1991:4.

饭吃，山东寿光捐赠数百吨蔬菜，胶州市捐赠 40 吨大白菜，滕州市捐赠 66 吨土豆，兰陵县捐赠 100 吨大蒜，沂源县捐赠 20 吨苹果，"沂蒙新红嫂"朱呈镕为武汉火神山医院子弟兵送去 20 吨水饺……一车接一车的山东名优蔬菜水果免费送往湖北。

随着疫情扩散，湖北各地各类医疗用品告急。山东企业将一批又一批的急缺医疗物资无偿捐赠湖北。枣庄捐赠 30 吨消毒水，临沂翔宇药业捐赠 1000 万元抗疫药品，山东银丰集团捐赠 5000 支免疫球蛋白，山东淄博新华制药捐赠 500 万元药品，鲁抗医药捐赠 7.8 万支抗感染针剂，鑫科生物捐赠 2 台全自动血液细菌培养仪，广泰空港设备公司捐赠 2 辆医疗特种车，赛弗集成房屋公司捐赠 340 套箱房，山东临沂酒厂捐赠 10 万瓶酒精，滨化集团捐赠 22 吨次氯酸钠消毒液……作为口罩生产大省，山东还开足马力扩大生产，日产口罩 264 万只，承担起了全国 1/4 以上的口罩生产任务，其中每天平均向湖北输送口罩至少 100 万只。

得知武汉火神山医院急需大型专业空调机组后，齐鲁制药主动将自家急需、原定发往济南的 12 台排风机组设备直接改发武汉；威高集团紧急叫停即将上马的、盈利前景乐观的特种导管项目，将 5000 多平方米净化厂房迅速腾出，转产国家抗疫急需的防护服；青岛海之晨工业装备有限公司是一家机器视觉和人工智能技术研发的高新技术企业，为缓解防疫物资紧缺局面，第一时间转产人体测温防疫设备……

有的企业不生产粮食果蔬和医疗用品，又不方便转产，就直接捐钱。阳谷县新凤祥集团捐款 1000 万元，日照钢铁集团捐款 2000 万元。百姓们也纷纷慷慨解囊，其中，聊城一村民捐款 1 万元……一笔又一笔的爱心"救命钱"迅速汇向湖北。

截至 2 月 27 日，山东向湖北各地累计输送 2164 万多只口罩、30 万多套防护服、38 万多只防护面罩、13 万多只护目镜、2800 多吨消杀用品，捐赠近 3700 吨蔬菜、水果等农产品。通过红十字会和慈善总会，山东累计向湖北捐赠款物 7.4 亿多元。有网友戏称山东是"搬家式"捐赠。

山东历来坚定"听党话，跟党走"。在革命战争年代，山东人民毁家纾难，踊跃拥军支前。自新冠疫情发生以来，山东人民继续发扬优良传统，舍小家顾大家，急国家之所急、供人民之所需，主动对接服务党和国家工作大局。

2. 艰苦奋斗、开拓奋进，夯实产业基础，不断增强供给帮扶能力的新作为

想要支援，还要能够支援。山东"搬家式"援助背后的"底气"，是近年来工农业高质量发展的"硬气"。

山东是全国有名的农业大省，山东"菜园子"就是京沪"菜篮子"，北京市场上大约有1/3的蔬菜来自山东寿光，而上海市场对山东临沂兰陵蔬菜的依赖度超过50%，在全国形成了"北寿光、南兰陵"的蔬菜布局。不管是果菜还是粮油、肉蛋，山东各类主要农产品产量均居全国前列。据一项统计显示，山东"以占全国约1%的淡水资源，灌溉了占全国约6%的耕地，生产了占全国约8%的粮食、9%的肉类、12%的水果和13%的蔬菜"[①]。

山东还是全国少数几个拥有全部41个工业大类的省份之一，并且上下游配套较为齐全，产业集群化程度较高，不出省就能集聚齐从原材料到制成品的产业链各环节。高熔指纤维聚丙烯是生产口罩的核心原料，全国能生产的企业不多，而仅山东就有济南炼化、青岛炼化两家。其中，仅青岛炼化每天就能生产600吨原料，而1吨原料就可制成一次性外科口罩90~100万个或N95口罩2~25万个。

为帮助湖北更好地开展后续疫情防控工作，山东省不仅紧抓当前的战"疫"支援，加大资金投入，还着眼于受援地的长远建设，帮助黄冈建设高水平的医疗基础设施。截至2020年3月10日，山东已向黄冈捐赠5.32亿元疫情防控和公卫建设资金。其中，3200万元用于支援大别山区域医疗中心的疫情防控工作；1亿元支援黄冈市区及下辖5个县市用于增设ICU病房床位100张，购置负压救护车5辆；4亿元用于帮助黄冈建设疫情防控专门医院、疾控中心安全防护二级实验室等。山东通过投资建设项目，努力提升受援地长期的疫情防控能力。[②]

---

[①] "齐"心"鲁"力，"搬家式"倾情相助——山东支援湖北战"疫"记[N]. 新华每日电讯，2020-02-29.
[②] 山东省对口支援湖北黄冈抗击疫情纪实[N]. 新华每日电讯，2020-03-04.

上述所有支援数据和行动，既充分体现了穿越时空的沂蒙精神，又为中国战"疫"的最终胜利提前写下了注脚。在沂蒙精神诞生的战争年代，中国共产党及其领导的军队之所以能够不断地赢得胜利，就是因为党在人民群众中拥有极高的威望和强大的号召力，而后者又基于中国共产党始终坚持"人民利益高于一切、为了人民利益不惜牺牲自己的一切"的根本立场。今天，中国能够快速地控制住疫情，也得益于中国共产党及其领导的政府将人民群众的利益看得高于一切，并因此而赢得了更多民众的支持。可见，虽然说新时期尤其要重视沂蒙精神中"开拓创新"的时代精神[1]，但今天弘扬沂蒙精神，仍要牢牢把握住其"水乳交融、生死与共"的党群关系本质，并将之融入甚至指导当前的行政工作乃至国家治理全过程。因为，只要这样，就能够得到中国民众的真诚拥护；也只有这样，中国共产党才会获得不竭的力量源泉。

### 三、讲好山东战"疫"支援故事，弘扬沂蒙精神的独特德育价值

加强思想政治教育特别是青少年道德教育，是构建社会主义和谐社会、实现"四个全面"的现实需要，是在新时代全面建成小康社会、实现中国梦的必然要求，也是教育的首要目标。

在消费主义、享乐主义、拜金主义等市场经济消极因素的影响下，公民的思想道德教育尤其是青少年道德教育形势非常严峻。根据问卷调查，当前青少年思想道德教育面临着复杂的形势与挑战。一方面，网络文化、快餐文化的流行，政治思潮和道德观念的多元化，给青少年理想信念教育带来了新的问题；另一方面，社会整体道德环境和越来越独立的青少年思维发展趋势使得青少年德育面临更大的挑战。在此背景下，如何讲好中国故事，使中国历史教育、中国传统文化教育、公民道德教育深入人心，成为思想道德教育者们需要深入探讨的课题。如何使新时代青年在头脑中坚定理想信念、在行动中坚持群众路线、在生活中坚守道德良善，沂蒙人民给出了很好的答案。在当前加强意识形态引导和思想建设、道德教育与廉政建设的大背景下，深

---

[1] 曲艺，汲广运. 沂蒙精神的时代内涵与新使命———山东社科专题论坛：沂蒙精神理论研讨会综述［J］. 临沂大学学报，2012（1）.

入挖掘沂蒙精神在思想道德教育方面的价值，具有重要的理论和现实意义。

从一般意义上来讲，弘扬"爱党爱军"的沂蒙精神有利于加强马克思主义理论和中国特色社会主义理论的指导地位；弘扬"开拓奋进"的沂蒙精神有利于坚定走中国特色社会主义道路的共同理想信念；弘扬"艰苦创业"的沂蒙精神有利于培育以爱国主义为核心的民族精神和以改革创新为核心的时代精神；弘扬"无私奉献"的沂蒙精神有利于在全社会开展社会主义荣辱观教育。[①] 沂蒙精神是社会主义核心价值观的载体,[②] 它不仅有利于大学生理想信念教育,[③] 也应成为党员理想信念教育的内容,[④] 其鲜明的人民性为群众路线教育提供了宝贵素材。[⑤]

从特殊意义上来讲，在全面建设社会主义现代化强国的新时代，结合2020年抗击新冠病毒疫情事迹讲好新时代山东故事，弘扬以"爱党爱军、开拓奋进、艰苦创业、无私奉献"为主要内涵的沂蒙精神，对青少年思想道德教育还具有独特的价值和作用。

战"疫"支援故事所体现的沂蒙精神是对青少年开展道德教育和世界观、人生观、价值观教育的独特内容和文化养料。过去沂蒙人用大义、大爱、无私、奉献诠释了什么是至善与良知，今天山东人民乃至全中国人用爱党爱军、支援一线、开拓进取、艰苦奋战回答了什么是人生价值的真正实现。

战"疫"支援故事中所体现的沂蒙精神是对青少年群体进行理想信念教育、爱国爱党教育、历史观教育等思想教育的重要素材和典型资源。过去沂蒙大地上的真实故事很好地回答了"和谁站在一起、为了谁、谁是历史创造者"的问题。今天山东乃至全国的战"疫"支援故事更有力地凸显了这一答案，弘扬新时代抗击疫情战斗中的沂蒙精神有助于培养青少年对中国特色社

---

① 孙士玲.弘扬沂蒙精神与建设社会主义核心价值体系[J].临沂师范学院学报,2010（2）.

② 种鹃,刘逸哲.沂蒙精神：践行社会主义核心价值观的载体[J].现代交际,2017（17）.

③ 陈永莲.沂蒙精神进课堂对大学生理想信念教育的影响——《红色文化与沂蒙精神》课程研究[J].临沂大学学报,2015（8）.

④ 王春梅.沂蒙精神与党员干部理想信念教育[J].临沂大学学报,2017（1）.

⑤ 汲广运.沂蒙精神的人民性及其在马克思主义群众路线教育中的作用[J].临沂大学学报,2013（4）.

会主义道路的政治认同感和自豪感,增强"四个自信"。

战"疫"支援故事所体现的沂蒙精神是对青少年开展社会主义核心价值观教育的重要载体。山东人民爱党爱军、开拓奋进、支援一线、无私奉献的沂蒙精神是对富强、民主、文明、和谐、自由、平等、公正、法治、爱国、敬业、诚信、友善等社会主义核心价值观最直接的体现、最生动的诠释。用战"疫"支援故事来丰富沂蒙精神,是弘扬优秀传统文化、以健康向上的精神面貌迎接新时代挑战的必然要求。

战"疫"支援故事所体现的沂蒙精神是对青少年尤其是大学生党员开展群众路线教育、坚持从严治党的重要依据和内容。军为民、民拥军的历史故事不仅永不过时,而且历久弥新。发生在我们身边的一个个鲜活事例,足以让生活在和平年代的青少年潸然泪下,这对培育青少年的思想道德情感、提高情感教育在道德教育中的比例和效果具有独特意义。

### 四、将战"疫"支援中的沂蒙精神融入青少年德育的路径

根据调研,目前沂蒙精神弘扬方面较好的宣传教育方式有:从文学角度开展的沂蒙故事宣讲活动,从史学角度开展的沂蒙口述史出版、历史博物馆建设活动,从影视艺术角度开展的沂蒙故事电影、电视剧、歌剧、歌曲传播活动,从德育角度开展的沂蒙精神报告、论坛活动,从经济、管理角度开展的沂蒙企业文化传承与弘扬典型案例示范活动,等等。

这些教育活动有其优势,但不足也很明显。一是时代感不够强烈,容易使人当时很感动,但短暂的"代入感"过后,心理距离逐渐变远。二是情感教育和理性教育容易脱节。有的形式比如文学艺术形式更注重沂蒙精神的情感传播,有的形式如思政报告等更突出沂蒙精神背后的道理灌输,难以将情感教育和理性教育很好地结合起来。三是实践性不够突出。如何在实际生活中发扬沂蒙精神?沂蒙精神与每个山东人、每个中国人的行动有何关联?受教育者并不一定明确。如何弥补这些不足、回答这些困惑,是今后沂蒙精神教育需要解决的问题,而此次战"疫"支援这一生动鲜活的当代画卷为我们提供了十分丰富便捷的教育资源。

学校教育方面,修订沂蒙精神相关教育目标和方案,改进沂蒙精神入课

堂的教学方法；用扎实的逻辑来分析山东乃至全国的战"疫"支援图景，加强思想教育，突出党的领导优势；建立以沂蒙师资、战"疫"支援相关人士为主的宣传队伍，将战"疫"支援故事绘入生动的历史画面，加强道德情操培育，在以红色文化为主题的校园文化板块中凸显新时代的沂蒙精神。

家庭教育方面，开展"讲好战'疫'支援故事""欣赏战'疫'画卷""学好战'疫'榜样""展示战'疫'支援精神和文化"等活动，引导、教育孩子向优秀人物、英雄榜样学习，在新时期铭记和弘扬沂蒙精神。

社会教育方面，将战"疫"支援事例宣讲作为以沂蒙精神为主题的公民道德教育系列活动和文化活动的重要内容，营造新时代学习和践行沂蒙精神的社会氛围。

此外，还应丰富战"疫"支援故事在青少年群体中的宣传形式、宣传渠道、宣传平台和宣传主体。采取影视作品、歌曲舞蹈、诗歌朗诵、文章诵读等多种形式讲述山东的战"疫"支援故事；利用各种节日、文艺活动、文化比赛、文化讲堂等多条渠道宣传山东战"疫"支援精神的先进典型；选择微信、微博、专题网站、电视、广播等新老媒体搭建山东战"疫"支援精神的立体化宣传平台；除教师、政府、家长等教育主体之外，还鼓励公益组织参与战"疫"支援故事宣教，引导青少年开展自我教育。

总之，弘扬沂蒙精神，不仅需要制定规划政策，建立一整套沂蒙精神理论研究机制、社会宣传机制、制度规范机制、奖惩评价机制，[1] 加大资源保护和开发力度，[2] 还要坚持传承与创新的统一，[3] 将时代最新资源及时整合进理论宣传和精神体验活动当中，层层推进，多渠道、多主体地创新沂蒙精神教育，使沂蒙精神历久弥新，在青少年思想道德教育方面发挥更大的影响力，为中国社会治理和国家治理贡献更大的力量。

---

[1] 王春梅．沂蒙精神与党员干部理想信念教育［J］．临沂大学学报，2017（1）．

[2] 孙士玲．弘扬沂蒙精神与建设社会主义核心价值体系［J］．临沂师范学院学报，2010（2）．

[3] 徐东升，颜枫．新时期沂蒙精神的传承与弘扬［J］．临沂大学学报，2016（5）．

# 坚持党建引领 弘扬劳动精神
# "党建+劳育"主题党日活动促进学生全面发展

李 娜

为全面落实中共中央国务院发布的《关于全面加强新时代大中小学劳动教育的意见》精神，强化党建引领作用，弘扬劳动精神，进一步树牢以人民为中心的价值追求，依托专业优势，打造"党建+劳育"品牌特色活动，将基层党建与劳动教育有机融合，艺术学院第一学生党支部以"坚持党建引领，弘扬劳动精神"为主题开展"走出课堂，走进乡村，在实践中体验劳动美"的主题党日活动，助推学生成长为德智体美劳全面发展的社会主义事业的合格建设者和可靠接班人。

## 一、深入实践，提升为民服务本领

主题党日活动将党史学习与实践相结合，把党课学习搬出课堂、走进乡村，同时将"学党史、悟思想、办实事、开新局"的要求在实践中通过不同的形式呈现，始终坚持将党史学习贯穿始终，让思想教育走心入脑。

1. "体验式"沉浸教育。为巩固和弘扬劳动精神主题教育成果，组织学生党员、发展对象、积极分子等赴五峰山双立实习基地开展"坚持党建引领，弘扬劳动精神"体验式沉浸教育，打造走"新"更走"心"的学习教育大课堂。把田间变课堂、农房变教室、农民变教师，让学生们亲近农民、学习农技、体验农事、感受农耕，在沉浸式体验中感悟收获，在辛勤劳动中淬炼成长，达到动手实践、出力流汗、接受锻炼、磨炼意志的劳动育人目标。形成以劳树德、以劳增智、以劳强体、以劳育美、以劳创新的精神实质，引导学生把劳动精神融入到学习和工作中，增强为人民服务的宗旨意识。这种沉浸式的教育引导达到了春风化雨、润物无声的效果。

2. "实践式"志愿服务。根据实际需求将党员分成三个劳动实践小组，由师生党员带头开展劳动实践。"丰收体验"小组帮助村民搬运、剥粒、晾晒玉米，在劳动中体验农民收获的喜悦；"耕种体验"小组帮助村民清除杂草、平整土地、播种作物，充分感受播种希望；"村居美化"小组用画笔装饰墙壁，美化村庄，助力美丽乡村建设。

**二、党旗领航，让劳动教育落地生根**

此次活动取得了良好的成效，艺术学院第一学生党支部与五峰街道西黄村支部委员会在基层党组织建设、传统文化弘扬、工匠精神传承、美丽乡村建设等方面进行深入合作，切实将劳动教育、社会美育、非遗传承融入基层党建工作中，发挥了党建引领作用，提高了党建工作水平，使"党建+劳育"活动成为支部特色；同时开展了多种形式的实践活动，让党员们在实践中了解群众所需，在实践中助力学生成长，在实践中指导个人成才。

（一）激发党员干事创业动力，党员服务本领显著提升

党组织不断"走出去"，把服务送出去，丰富了党组织生活的内容和形式，提高了党组织生活的质量和效果。把党员的劳动教育作为开展学生党建工作的突破口，引领党员深入实践，深入乡村建设，唤醒了广大党员的责任意识和担当意识，以组织倡导和党员自愿参加相结合的方式，引导支部学生党员主动亮身份、做表率、树形象，发挥专业特长，服务师生、服务校园、服务社会、服务基层。

（二）党员责任意识不断增强，党员先锋形象充分彰显

支部主题党日活动得到当地居民的一致好评，党员们在居民的鼓励中，更加自信，收获颇多。将党员培养的触角延伸到社会，组织开展丰富多彩的社会实践活动，引领党员们投身社会实践，促进了他们对社情的了解，更深刻地认识自身、认识社会，从认知中增强责任担当意识，强化责任担当能力，充分彰显了新时代大学生党员的先锋模范作用，进一步树立了党组织服务群众的良好形象。

(三)党员参与热情充分调动,支部战斗堡垒坚不可摧

通过"党建+劳育"主题党日活动的锤炼,创新了党课教育形式,使之从传统的理论教育中走出来,采用现场体验式教学,通过自己的专业知识美化村庄,助力乡村建设,使党员的荣誉感和归属感进一步增强,党支部的向心力和凝聚力不断提升,有效发挥了党支部的战斗堡垒作用,增强了党员参与组织生活的主动性,提高了争先创优的积极性。以队伍建设为主线,紧紧围绕中心抓党建,抓好党建促发展,使党建与劳动教育相结合的道路越走越广阔。

### 三、凝心聚力,党建与劳育同频共振

一是通过主题党日活动,全体党员培养了求真务实的工作作风和深入基层、情系群众冷暖的为民情怀。山东管理学院艺术学院第一学生党支部以习近平新时代中国特色社会主义思想为指导,充分发挥党建引领优势,将支部建设融入日常德智体美劳的育人工作中,打造并推进了"党建+劳育"工作模式,充分发挥了党员的先锋模范作用,突出了党支部的战斗堡垒作用。党员们在实践中检验真理,在实践中提升综合素质,促进其全面发展。

二是通过主题党日活动,支部成员经历了活动安排、活动组织、活动后资料总结、形成视频材料等过程。在这一过程中众多党员同志得到锻炼,并且加强了支部成员的交流与沟通,为支部今后开展各项活动积累了宝贵的经验,提高了支部成员的向心力和凝聚力。

三是通过主题党日活动,激发党员们创造出了把创新思维和社会实践紧密结合起来、把全面发展和全心全意为人民服务紧密结合起来的方式,推进了党支部标准化、规范化建设,实现了党建工作与劳动教育工作同频共振,推动了教育事业的高质量发展。

# 应用型本科院校大学生劳动价值观现状研究

孙珊珊

马克思主义哲学认为,劳动推动社会历史进步,是人作为人之最本质、最显著的特征。马克思在《1844年经济学哲学手稿》中指出,"正是在改造对象世界中,人才能真正地证明自己是类存在物。"他强调,"对社会主义的人来说,整个所谓世界历史不外是人通过人的劳动而诞生的过程。"因此,人民创造历史,劳动开创未来。劳动是推动人类社会进步的根本力量,是人民美好生活的源泉。习近平总书记指出,"劳动是人类的本质活动,劳动光荣、创造伟大是对人类文明进步规律的重要诠释。"

劳动价值观是人们对不同劳动的根本看法和态度,由人们对不同工作的目的、价值、意义和态度等方面的内容构成,是人们世界观和人生观的重要组成部分。吃苦耐劳一直是中华民族的优良传统,激励着一代又一代人不断进取,奋发图强。随着时代的发展和进步,在互联网、大数据的市场经济与社会主义经济并行的21世纪,科技的进步与发展催生了许多新型行业与新型工作,对劳动者也提出了新的要求,现代经济高速发展在给我们带来丰富物质的同时也在不断地冲击着我们的精神。但是,无论时代如何变迁,劳动的本质从未改变。2020年3月20日,《中共中央国务院关于全面加强新时代大中小学劳动教育的意见》中指出,劳动教育是中国特色社会主义教育制度的重要内容,直接决定社会主义建设者和接班人的劳动精神面貌、劳动价值取向和劳动技能水平。

因此,当前树立正确的劳动价值观,无论对于大学生实现人生价值还是对于整个国家振兴、民族复兴而言都具有重要意义。

## 一、当代大学生劳动价值观的现状

为了深入研究目前大学生劳动教育问题，笔者针对当前大学生劳动价值观现状，面向本校本科层次15个来自不同专业的行政班级学生进行在线问卷调研，共收回有效问卷590份。通过问卷数据分析结果，下面选取具有参考研究价值的若干问题展开分析。

对于劳动教育意识的培养，通过调查，大部分学生认为目前学校还是相当重视劳动观教育的，尤其是随着今年《中共中央国务院关于全面加强新时代大中小学劳动教育的意见》的提出，各级各类学校相继开始探索把劳动教育融入教学理论、实践的各个环节。例如，本校作为应用型本科院校，首先针对本科一年级开设了《劳动精神传承与弘扬》必修课程，接下来准备相继开设劳动意识的培养、劳动创新能力培养的相关劳动课程。

当问及"你的劳动观受谁的影响最大？"时，大多数被调查者认为，父母对于自身劳动观念的树立影响最大，反映出家庭教育在劳动价值观的培养中起着十分重要的作用。然而，当问及"你是否经常从事家务劳动"时，有61%的被调查者选择了"经常"做家务，仍有很大部分选择了"偶尔"或"基本不做"。针对此问题，在劳动课程中布置了"在疫情防控期间，为家人做一顿饭"的实践任务，接近40%的学生表示：通过此次实践教学任务，第一次为家人做饭，体会到了劳动的辛苦不易，也同时从中体验到劳动带来的快乐。此问题一方面反映出目前大学生劳动意识的缺失，也反映出大学生参与劳动实践对于培养正确劳动价值观的重要性。

在"作为当代大学生，自身的劳动价值观念被哪些重要因素影响？"的问卷调查中发现，大学生劳动价值观极易被外界因素影响，缺乏独立思考的意识，同样也反映了劳动教育对于大学生成长的重要意义。对于"大学阶段，引导你树立劳动观的途径有哪些？"大多数被调查者认为在大学期间，课堂教育与参与社会实践是引导学生树立正确劳动价值观最有效的途径，这也为我们今后劳动教育的探索提供了借鉴。

在问及"你在毕业后愿意选择什么类型的劳动方式？"时多数学生选择了对国家、社会有益的劳动或专业对口、具有挑战性的脑力劳动。说明大多数学生对于劳动的社会价值和个人价值辩证统一意义上是具有一定认识的。"在未来想从事的职业类型?"一题中,大多数学生选择了知识型、创新型劳动者。值得被关注的是,当进一步具体问到"你会选择安稳的重复性工作还是选择创新创业,原因是什么?"时,更多数的被调查者选择了安稳的重复性工作,认为自己缺乏创新能力,没有信心去从事创新创业。这反映出大多数学生虽然有创新创业意识,但是依然相对薄弱,没有明确的指引,缺乏实践经验。

## 二、劳动观调查存在问题及主要原因

纵观当代大学生的成长历程,不难发现他们的劳动价值观产生的原因是有多方面的。

(一)社会环境功利化。在当今经济快速发展的条件下,利益主体是多元化的,个人、企业都有着自己的价值目标、价值取向。每个大学生都可以为实现价值目标自主地做出努力,这使得大学生意识到,自己作为独立的个体有着更加明确的自主性和选择性,增强了大学生的个体意识。同时,大学生的价值观也日渐呈现出功利性倾向。

(二)家庭环境影响。从问卷调查分析中,我们得出:家庭教育对于大学生劳动价值观的养成具有最深刻的影响。在00后大学生家庭环境中,长辈对晚辈的宠爱及过高期望,也是导致大学生劳动价值观扭曲的根源之一,这种家庭教育方式致使他们有一种莫名强烈的优越感,在社会集体中表现为自负、自私、缺乏艰苦奋斗精神,忽略了劳动对个人成长的意义。

(三)学校教育影响。近年来各类各级高校逐渐淡化了对当代大学生的劳动观念、劳动意识、劳动技能和劳动习惯的教育,主要任务依然定位在科研、专业教育上,忽视了劳动观教育是立德树人理念的重要组成部分,在思政课教学中虽然偶有涉及,但尚未制定形成系统的劳动观教育和评价机制。在高校课程设置上,虽然目前部分高校开始开设劳动教育课程,但教育的内容依然单一、缺乏针对性,从而降低了对当代大学生劳动价值观教育的效果。

(四)大学生自身的原因。我国大学生中的绝大部分由高中笔试应试教育直接进入大学,生活经验和社会阅历不足,社会实践缺乏,对社会了解不够,因而自我评价及整体上心理状态不够成熟，对如何就业才能实现人生价值充满困惑。笔者在劳动教学中曾要求学生围绕"能者是否应该多劳"这个话题展开讨论，部分学生认为能者不应该多劳，或者能者也是在有相应报酬的前提下多劳，这样的结论无疑是割裂了劳动个人价值和社会价值的统一。在价值观上，追求以自我为中心，过多地要求社会及集体对个人的利益给予满足，但自己为社会或集体做出贡献、履行义务的观念却比较淡薄；缺少对集体的责任感和义务感，缺乏艰苦奋斗的无私奉献精神。

再者，当前部分大学生面临着就业难的困境，其中有岗位缺少、竞争激烈、自身能力等方面的原因，但很大程度上与劳动价值观有关。当代大学生从小生活的环境较之以前更为优越，导致他们在课余兼职、毕业求职时，除了对待遇的要求较高，更加倾向于轻松自由、符合自己兴趣爱好的工作，对于一些发展前景不好、社会地位不高、地理位置偏远、环境恶劣的工作，惧怕吃苦受累，不愿意从事，还有一部分大学生更是好高骛远、不切实际，缺乏积极的劳动态度、实践的勇气和创新的自信。

### 三、大学生树立科学正确劳动价值观的途径

大学生是时代未来的中流砥柱，不仅肩负着实现中国梦的使命，更是社会发展的主力军，大学生的劳动价值观与未来国家的命脉息息相关。因此，如何让大学生树立正确的劳动价值观，是我们亟待解决的社会问题、教育问题。笔者结合调研结果及如上分析，认为当代大学生树立科学正确的劳动观，需要社会、学校、家庭以及当代大学生自身相互协作，形成共育合力。

（一）奠定家庭劳动观教育的基础作用

家庭教育是学生教育的第一场所，正确的家庭教育观念是当代大学生树立正确劳动观念、提高当代大学生综合素质的指南。纠正家长传统观念中的劳动等级观念，正确看待体力劳动与脑力劳动，劳动只有分工不同，任何一种职业、一个工作岗位都值得被尊重，并且要尊重他人的劳动及劳动成果。引导大学生积极参与各种劳动，培养独立性，养成良好的生活和劳动习惯。

（二）拓宽社会劳动价值观教育的渠道

劳动观教育作为社会人才培养的重要途径，不仅关系到各级各类学校，

同时还应得到社会各方面的认同。首先,全社会要共同关心劳动观教育。必须在全社会充分利用各种力量,努力营造出热爱劳动的良好社会氛围,如今年的新冠疫情,恰是政府和社会用于宣传劳动价值观的契机。劳动创造一切,任何一个平凡的岗位都可以创造出伟大,劳动是最光荣、最崇高的。其次,要让大学生感受到如何在劳动中实现个人价值与社会价值的统一,就要拓宽社会劳动教育渠道,充分利用各种力量,努力营造崇尚劳动、热爱劳动的良好社会氛围。

### (三)发挥高校劳动育人的主阵地作用

劳动教育是当代大学生全面发展的重要内容,是各项素质教育的基础。要树立全面发展的教育理念,明确劳动观教育对当代大学生全面发展的重要意义。在开设劳动教育必修课程的同时,把劳动教育有机融入思想政治理论课和专业课程中。通过课堂实践教学活动,如就"马克思主义劳动观"这一主题,精心设计问题,创设体验式环境,围绕"马克思主义劳动观的现实意义""劳动与新时代大学生成长"等开展研究性学习。再者,通过课外实践教学活动,带领学生走访劳动现场,实地考察劳动场所,感受劳动环境。同时科学地安排体力劳动、志愿者服务,深化校企合作,共建共享稳定的劳动实践基地、校外实习实训基地、各类型创新创业孵化平台,多渠道拓展劳动实践场所。鼓励学生参加科技发明、科学实验、创新创业活动。

# 03
## 管理服务

# 后疫情时期高校就业服务体系升级的对策建议

洪 芳

近年来，高校毕业生慢就业、缓就业的趋势日益明显，招工难与就业难并存的结构性矛盾持续加剧。2020年高校毕业生人数创历史新高，导致就业压力增大。一场突如其来的新冠疫情使得传统高校就业服务工作体系面临着更加严峻的挑战。疫情条件下，大学生实习、求职、签约等权益保护的问题，都面临着更加严峻的挑战。因此，在疫情条件下全面升级高校就业服务工作体系，减缓甚至消除疫情对就业、工作造成的冲击，保护学生在就业中的合法权益，为学生提供优质高效的就业服务就成为高校就业工作必须面临的课题。

## 一、后疫情时代升级高校就业服务体系的必要性

虽然目前疫情的走向并不明朗，疫情是会自然消失，会长期存在，还是被人类用新药或疫苗战胜，目前依然不明确，但是疫情确实改变了经济结构，强化了互联网行业以及与互联网行业相关的行业，疫情改变了人们的行为方式，无接触的交流和服务增多。从就业服务方面而言，疫情改变了人力资源的需求结构，改变了用人单位招聘的方式，客观上要求高校改变人才培养结构以及促进就业的方式，在开启云就业模式的情形下全面升级高校就业服务体系。虽然从立法来看，政府在大学生就业工作中承担主体责任，但是高校就业工作的开展情况却直接影响大学生的就业率，因而必须正视高校就业服务体系的功能和作用，在后疫情时代，高校应顺应经济社会发展趋势，升级高校就业服务体系。

## 二、后疫情时代升级高校就业服务体系的对策

1. 更新观念，以提高"就业力"为就业工作的核心价值理念

疫情对经济结构、人员配置以及就业方式的挑战，要求高校必须密切关注市场发展导向，建立市场人力资源配置的就业服务机制。对高校而言，毕业生能否顺利就业、能否获得较好的发展前景取决于毕业生的"就业力"。后疫情时代，高校应更加关注对毕业生的"就业力"的培养。一是在专业设置和人才培养方案的确定上应充分体现市场导向。针对疫情对劳动密集型的产业所造成的冲击，无接触工作的模式开始成为新的工作模式，高校应更加侧重发展依托互联网进行服务的专业人才培养，以适应后疫情时代的工作需要。二是高校就业服务的定位和重点应突破职业介绍的狭隘视野，从大学生人生职业发展的视角出发，尊重大学生的个性特征、个人兴趣；从整体育人理念出发，对高校就业服务体系进行升级改造。

2. 升级高校就业服务体系的外部支持系统

受疫情影响，就业岗位萎缩。如何实现人岗的就业匹配，减少"人等岗位"和"岗位等人"的状况，提高供求匹配效率就变得格外重要。高校就业服务体系迫切需要政府和社会组织的系统支持。

（1）政府应为高校提供就业支持

一是建立人才需求调查机制。高校作为人力资源的供给方，必须掌握需求方的信息才能避免结构性失业。政府还应发挥其管理者的优势，对市场各类人才的需求状况进行调查，并对各类人才需求的趋势发展进行预测，为高校和用人单位提供人才供应和市场需求匹配分析，为高校专业设置和招生计划确定提供决策参考。

二是建立激励与约束相结合的就业管理机制。大学生的就业附属于政府促进就业的组成部分，随着高校招生规模的不断扩张，大学生已经成为政府促进就业的重点。除高校就业考核这一约束机制外，政府应建立就业奖励机制，对就业工作做得好的高校进行奖励，激励高校将更多的人力和资金用于改进就业工作。

三是为大学生提供免费职业培训和职业信息服务。为高校毕业生提供免

费的职业培训，提高专业技术和技能，提高职业能力。特别是在经济结构受到影响的情况下，人力资源配置的效率很大程度上需要职业培训的跟进和支持。政府公共就业服务机构应及时收集人才需求信息，为高校提供就业信息服务，促进人岗匹配。

（2）其他社会组织为大学生就业提供支持

一是发挥行业协会、产业工会的组织优势，协助政府开展人才需求调查，撰写求职参考手册，为包括大学生在内的所有求职者提供参考。遴选行业企业专家进入高校担任职业顾问和创业导师。筹集资金，设置创业项目基金，资助大学生开展创业学习和实践。二是密切与用人单位的联系与合作，建立稳定的实习就业基地。一方面收集毕业生的就业信息为用人单位提供参考；另一方面选拔优秀企业家进入高校担任就业、创业导师。

（3）充分发挥校友和家长在就业服务中的支持作用

一是建立校友就业联盟。建议由高校就业处组建校友就业联盟，筛选出两类优秀校友：①招聘人员，即校友代表用人单位回母校招聘毕业生，通过校友资源建立实习就业合作基地，为毕业生提供实习和就业场所；②担任兼职就业导师或创业导师，吸引校友回母校兼职指导学生求职和创业。定期举办优秀校友发展论坛，拓宽大学生职业发展的视野，发挥校友的典型示范引领作用。

二是发挥家长对就业的支持作用。建议高校建立家校联系通道，家长可以参加学校组织的在线就业指导、招聘会、宣讲会，可以获得学校为毕业生推送的就业信息，以便获得家长对学校就业工作的理解和支持，家长也可以通过各种信息的获取并结合自己的社会经验帮助学生做出就业决策。对于政治资源、社会资源丰富的家长，也可以争取获得家长的支持，挖掘更多的就业机会，为更多的毕业生提供就业信息。

3. 升级高校就业服务体系的内部支持系统

（1）开启云就业新模式，全面升级高校就业信息平台

受疫情影响，招聘会、宣讲会、双选会、就业信息的推送和就业指导等就业工作全部在网上进行，这开启了云就业的新模式，促使高校直面这种状况，改变传统的就业模式。尽管目前线上招聘效果远不如线下效果好，疫情

结束后，多数用人单位依然会采用线下招聘的模式，但是，作为一种招聘模式，线上招聘却并不会就此停止，反而会成为招聘的一种重要方式，特别是在异地招聘的情况下，线上招聘可以极大地节约时间和交通等成本。高校就业工作必须紧跟这一趋势的发展，调整工作思路，开启云就业新模式。当前最主要的是升级高校就业信息网，各高校就业信息网主要作为信息发布的平台，应由单向浏览向多方交流功能转变，为网上招聘、宣讲、就业指导、直播提供技术支持。建立用人单位用人信息库和学生就业信息库，实现网上岗位匹配，为学生提供精准岗位推送，提高网上就业效率。同时应具备就业统计、人才和岗位筛选等功能，既可以提高高校就业工作人员的工作效率，及时掌握学生的就业动态，做到精准服务，又能满足就业数据统计和上报等工作需求。

（2）建立高效就业工作团队

建议各高校建立全员参与的就业工作机制。在学校建立全校就业工作领导小组，贯彻"一把手工程"，由校长和党委书记亲自抓就业，建立由就业、教务、学生工作、团委、校友办等部门构成的就业工作领导小组，从人才培养和质量监控方面全局把握就业工作。就业处应配备较为充足的工作人员，并设置就业顾问、就业活动、就业信息等不同岗位，为毕业生提供"一对一"的咨询和指导，推送就业信息，举办促进就业活动等。应加强对就业工作人员的培训，不断提高专业水平。学校图书馆应为学生提供职业测评软件设备和与职业选择相关的图书资料，方便学生学习。

在二级学院，建立由党总支书记、院长、学业导师、专业教师、班主任、辅导员等人员构成的就业工作小组。学业导师和专业教师通过与学生的密切联系，以及根据他们对对口行业发展走势的了解，可以对学生职业生涯规划和就业选择产生强大的影响力。充分挖掘教师在相关行业里的社会资源，为学生推荐工作。班主任、辅导员要关注学生的个性发展，辅导学生完成职业生涯规划，并做好学业规划，在求职阶段引导毕业生先就业再择业，保持良好的就业心态，辅助完成就业信息统计。

职业生涯规划和就业指导课程教师应通过授课引导学生进行职业生涯规划，确定人生目标；帮助学生主动提高就业能力，掌握求职技能，提高求职能力。

4. 加强劳动情怀教育，树立正确的劳动观

大学生缓就业、慢就业的原因虽然是多方面的，但不正确的劳动观是重要原因之一。高校应从劳动教育入手，深耕劳动情怀，培养学生树立正确的劳动观和就业观。高校应旗帜鲜明地弘扬劳动精神、劳模精神、工匠精神，将"爱岗敬业、争创一流、艰苦奋斗、勇于创新、淡泊名利、甘于奉献"的劳模精神深植学生内心，让"坚守执着、精益求精、专业专注、追求极致、一丝不苟、自律自省"的工匠精神内化为学生的价值追求。要开设劳动教育理论课程，使学生从思想认识上尊重劳动、崇尚创造；开设劳动实践课，使学生在劳动中领悟劳动的价值。要推动劳动模范、大国工匠进院校，厚植劳模工匠文化，要用劳模工匠的干劲、闯劲、钻劲鼓舞更多的学生，激励广大青年学生争做新时代的奋斗者，自觉把人生理想、家庭幸福融入国家富强、民族复兴的伟业之中。

5. 建立全过程就业指导与服务体系

高校就业指导服务的定位和重点应基于学生的个性特征和优势能力为毕业生构建长期职业发展路径服务，帮助学生将十多年的教育储备和人生理想转化为具体、有价值的工作。在这一过程中，就业指导和服务是必不可少的"催化剂"。

（1）开展全过程就业指导

一是尊重学生个性，科学规划职业生涯。应在大一、大二的课程中加强职业生涯规划指导，帮助大学生认识自己，了解职业，发现自己的职业兴趣，对未来职业进行规划和设计，从而明确前进的方向。在课内，职业生涯规划教师要帮助学生掌握生涯规划的理论和技巧。在课外，班主任、辅导员特别是专业教师、学业导师要帮助学生了解本专业所对口的行业所涉及的职业的基本情况和发展趋势，帮助学生了解职业。学校图书馆和大学生就业指导中心应为学生进行职业测评提供条件。在此条件下引导学生开展职业生涯规划，同时规划设计四年的大学学习和生活。

二是开展差异化的就业指导。就业指导不等于求职技巧指导。大学三年级，随着专业课程的学习，学生已经具备了一定的职业能力。学业导师和专

业教师应有计划地安排学生参加实习，帮助学生在实习中认识职业，进一步了解自己的职业兴趣，加深学生对职业的理解，同时可以让学生参加毕业生的招聘会，模拟求职，感受就业的氛围；大学四年级，侧重为毕业生解读就业政策，分析就业形势，传授工作搜寻渠道和方法，训练求职技巧和面试要领。此外，随着新媒体时代的到来，高校应重视学生自主利用社交媒体工具和开发职业社交网络的能力对学生长期职业发展的重要作用。同时，就业顾问要为学生提供"一对一"的指导。

（2）为学生提供差异化、精准化服务

按照教育部"一生一策"的要求，掌握每一个学生的需求，分类进行就业指导服务，根据学生的求职意向分类推送就业信息。加强求职简历和面试辅导，提高学生求职能力。

以专业为单位开展毕业生去向调查，内容包括毕业生的去向，升学学校名单，公务员、事业编考试录取人数及单位，就业形式分布、就业区域行业分布，用人单位性质规模分布、平均薪资以及用人单位名单等信息，为毕业生确定职业预期提供参考。高校就业指导中心要收集和发布毕业生就业需求信息和短期实习计划，编写毕业生就业指导手册。通过组织招聘活动与用人单位建立联系、组织校友会等方式拓宽就业市场。

6. 高校和政府公共就业服务系统应协同为毕业后的大学生提供持续的服务

在缓就业、慢就业已经成为当代大学生就业趋势的形势下，高校就业服务体系应将就业服务延伸到毕业后的大学生。尽管高校坚持"先就业后择业"的就业观教育，但是在短时间内却无法根本扭转毕业生"一步到位"的职业期待。通过对毕业生进行跟踪调查，毕业一年后，大学生就业质量和稳定性较高，因而大学生就业难的问题是个伪命题，而大学生慢就业和缓就业的问题确实存在。作为高校和社会往往对应届毕业生的就业更为关注，追求较高的就业率，但就业率虽然较高，就业质量却不高，因而高校就业服务体系和政府公共就业服务体系应对毕业后两年内的毕业生提供持续服务，促进其优质就业。

# 聚焦主责主业，服务协同育人

李美玲

学校共青团坚持以习近平新时代中国特色社会主义思想为指导，明确政治定位，聚焦主责主业、以"思想育人、文化育人、实践育人"为主线，主动融入学校育人大局，服务学生成才成长。

### 一、强化思想引领，厚植青年爱国情怀

落实"立德树人"根本任务。加强基础组织建设，从严规范党建带团建、团建促班建的"班团一体化"建设，不断创新工作思路和工作方法，引导基层团支部充分利用专业优势，探索形成"一支部一特色"，构建组织建设"强基体系"。持续深化学生会改革，凝心聚力服务同学。充分发挥专兼职团干部主力军作用，发挥学校青年博士、杰出校友、大国工匠等优秀青年的示范引领力量，打造"身边榜样·最美青年"评选活动，从爱岗敬业、勤学上进、创新创业、扶贫助困、崇德守信、网络素养六个方面评选可亲、可信、可学的身边榜样，用真人、真事、真情影响和带动广大团员青年在投身决胜全面小康、决战脱贫攻坚的生动实践中展现奋发向上、崇德向善的昂扬精神风貌。

建立青年思想"加油站"。抓好"青年大学习"网上主题团课的覆盖面和参学率。推进"智慧团建"工作部署，完成十九届六中全会精神、习近平总书记在庆祝中国共产主义青年团成立100周年大会上的重要讲话等专题学习和实践活动，开展"同上一堂思政课"，分层分类召开专题培训会和工作推进会，稳扎稳打从严规范基础团务工作，实现团支部覆盖率达100%。在重要的时间节点，开展国旗下的宣誓、主题团日、重走长征路、红色接力跑等体

验式、沉浸式主题教育，不断激发基层组织活力。

深入实施"青马工程"。根据团中央和团省委有关要求，结合我校工作实际，经学校党委研究，制定了《山东管理学院"青年马克思主义者培养工程"实施方案》，成立山东管理学院"青年马克思主义者培养工程"领导小组，积极探索"政治引领+实践养成+价值观培育"的培养模式，构建集入口管理、理论教学、实践锻炼、跟踪培养等为一体的校院两级培养体系。自2018年以来，已连续举办"青马工程"培训班四期，进一步完善了课程设置、内部管理、考核培养机制，通过理论学习、红色教育、实践锻炼、社会调研、志愿服务等，提高青年学生的思想政治素质、政策理论水平、实践创新能力和组织协调能力，培育了一批具有忠诚政治品格、浓厚家国情怀、扎实理论功底、突出能力素质的青年政治骨干。

**二、丰富校园生活，激发青年内生活力**

"以美育人"传承中华优秀传统文化。制定《山东管理学院美育工作实施方案》，构建课程教学、课外实践、校园文化、艺术展演"四位一体"的美育实施体系。充分发挥学校艺术与人文学科资源优势，通过艺术、自然、社会人生诸种形态的审美教育以及潜移默化的方式，用"中华美育精神"滋养师生，引导学生树立文化自信，增强文化自觉，提高感受美、创造美的意识和能力。2021年，学校成功获批山东省美育浸润行动计划项目试点。

精品活动繁荣校园文化生活。按照学校党委"五育并举"综合改革要求，通过精心打造大学生艺术节、大学生科技文化节、读书月、体育文化节，举办"十佳歌手""十佳社团"评选，组织优秀传统文化进校园、高雅艺术进校园等系列活动，营造浓厚的校园艺术氛围与人文气息，充分发挥环境育人功能。

"第二课堂"助力学生全面发展。学校党委高度重视和加强第二课堂建设，成立"第二课堂成绩单"工作指导委员会，由校长任组长，分管学生工作、教学工作的副校长任副组长，教务处、科研处、学生工作部（处）、团委、各二级学院等相关部门负责人为成员，负责第二课堂活动的统筹规划和实施指导。聚焦德智体美劳"五育并举"，设置思想政治与道德修养、社会实践与志愿服务、文化艺术与身心发展、学术科技与创新创业、社会工作与技能拓展5个模块，构建内容系统化、活动主题化、融合专业化的第二课堂新格局。自开展以来，学校各级各类第二课堂活动蓬勃发展，思政学习全面覆盖。

**三、注重实践创新，搭建青年成长平台**

不断拓宽社会实践阵地。组织开展"三下乡""返家乡""大学生社区实践计划"等社会实践活动，立足学校及学院特色，以人才培养为中心，发挥专业优势，侧重依托工会服务基层、劳动实践教育等方面，将实践活动纳入教学计划，明确任务要求。逐步打造了支教扶贫、乡村调研、非遗传承、电商助农等特色团队项目。近三年，获评社会实践省级"优秀指导教师"37名，省级"优秀学生"71名，省级"优秀服务队"22个，连续3年被评为省级"优秀组织单位"。社会实践活动多次被《中国青年报》《中国教育报》和人民网、新华网等知名媒体报道。2021年，学校团委荣获全国大中专学生志愿者暑期"三下乡"社会实践活动"全国优秀单位"称号。

强化培育志愿服务品牌。不断推动全校团员注册成为志愿者，引导广大青年志愿者积极投身希望小屋、西部计划等项目，在疫情防控、社区支教、老幼关爱、无偿献血等活动中发挥了主力军作用。各学院结合专业打造了"四点半课堂""青禾童行"等志愿服务团队。学校青年志愿者协会与济南市图书馆、周边社区及特殊教育学校等建立长期志愿服务合作关系，并荣获2019年济南市学雷锋志愿服务活动"四个100"先进典型活动"最佳志愿服务组织"。我校7名同学获评2020年山东省大学生"青春贡献奖"。"爱心支教 成就未来"项目荣获2021年度"爱涌泉城"十佳公益项目奖项。

# 论高校辅导员如何培养和建设学生干部队伍

沈君克

习近平总书记在纪念五四运动100周年大会上的讲话中指出,"青年是整个社会力量中最积极、最有生气的力量,国家的希望在青年,民族的未来在青年。"而学生干部又是青年中的骨干,因此,培养和建设一支优秀的学生干部队伍是高校辅导员工作的重中之重。

"政治路线确定之后,干部就是决定的因素。"高校学生管理工作中学生干部队伍的优劣,也直接关系到学生管理工作的成败。作为高校辅导员,应该怎样造就学生干部队伍呢?

按照工作的一般程序,学生干部队伍建设主要由选拔、培养、使用三个环节构成,各环节的工作重心有所不同,分别论述如下:

## 一、如何选拔学生干部

学生干部是辅导员管理班级的桥梁和纽带。许多大学的辅导员在刚踏上工作岗位时,对于管理班级的事情往往是"眉毛胡子一把抓",不知道工作的切入点在哪里。其实,带学生也是有技巧的,要带好一个班级,首先就是要抓好学生干部队伍建设。建设好学生干部队伍,就是抓住了班级管理的"牛鼻子"。

选拔学生干部的条件是:第一是道德品质好,有愿意为同学们服务的思想。第二是学习成绩好,在大学里,学生的主要任务还是学习,所以学好专业知识仍然是大学生活的第一要务。选拔学习成绩好的学生当干部,就相当于在学生中树立了一面旗帜,引导广大学生把主要精力放在学习上,在班级营造浓厚的学习氛围。第三是工作能力强。在大学里，学生干部要独立地去处理许多班级事务，所以学生干部要有一定的组织能力和协调能力。第四是组织纪律性好。大学里虽然不像高中时管得那么严了，但是规章制度还是有的，并且都是刚性约束，所以如果一个学生干部没有组织纪律性，就不会得到同学们的认可。第五是群众威望高。学生干部是班级管理的负责人，从性质上讲，无论是班委会、团支部、学生会、团总支都是党领导下的联系广大青年学生的群众组织，学生干部作为这些群众组织的负责人，如果没有很高的群众威信，就无法在班级里开展活动。

作为学生管理工作者，辅导员在选拔学生干部的过程中，要坚持"透明化"和"公平性"原则，在新生一入学时就对每位学生的档案进行仔细审查，了解他们的学习、家庭，尤其是社会工作情况，以作为选拔学生干部的基本参考资料。[1] 辅导员还要观察学生入学报到、军训时的表现，通过向其他教师、学生询问等方式，争取短期内尽可能了解所有学生的详细情况，力争选拔出最优秀的干部候选人。

**二、学生干部应该具备的素质**

被选拔为学生干部，证明被选拔者具备了成为高校学生干部的基本条件，但这些人能否成为合格、优秀的高校学生干部呢？这就需要辅导员的倾心培养。那么需要培养他们哪些素质能力呢？

（一）要形成正确的地位观

许多学生到了大学为了锻炼一下自己的工作能力，都愿意当干部，并且愿意争地位、比高低。近年来，随着改革开放，社会变革加剧，思想文化意识交流拓宽，大学生接触社会的机会较多，"官本位文化""特权意识""公共权力寻租思想"对学生意识形态领域的冲击逐步凸显。[2] 这其实是中国官本位思想在青年学生中的一种折射。学生干部是党联系广大青年学生的桥梁和纽带，所以学生干部应少点官僚意识，多些服务意识。学生干部要知道职

---

[1] 杨蕙. 高校学生干部培养刍议 [J]. 江苏高教，2005（3）：102-103.
[2] 可怕的学生官僚 [N]. 中国青年报"青年话题"版，2003-02-15.

务和地位不是自己想要就能要来的。一个学生干部适合担任什么职务，是党组织经过考察后，经过适当的民主程序来确定的，不能自己想要担任什么职务就担任什么职务。有个别的学生一进入干部队伍就争高低，什么"非班长不干""非学生会主席不干"等。对这样思想上不端正的学生，应该及时清理出干部队伍。学生干部要明白，班级之所以要设班长和团支部书记这样的职务，是为学生服务的，不是为了满足某个人的虚荣心的。

学生干部要形成正确的地位观，形成独立的人格，不要还未踏入社会就沾染上"马屁精"的恶习。所谓"马屁精"就是为了达到个人的目的，不惜以牺牲自己的人格尊严为代价，巴结老师和领导的人。其实，学生和老师的人格是平等的，不存在谁的人格高贵、谁的人格下贱的问题。师生之间仅在工作上有上下级之分。按照民主集中制的原则，在工作上，下级应该服从上级，所以，学生应该服从老师的工作安排。

在社会中，确实存在着"马屁精"比普通人上升得快的现象，但是这个现象是不正常的。这种不正常的现象首先来自那些手中有掌握别人命运权力的人喜欢自己的下级给自己拍马屁、抬轿子。其次，是由于有些人为了达到自己不可告人的目的，曲意地牺牲自己的人格，去溜须拍马，阿谀奉承，这是我国两千多年的封建政治生态孕育出来的一种畸形的人际关系。大学辅导员自己就要摒弃这种畸形的人际关系，同时也要教育学生干部摒弃这种畸形的人际关系，通过正当的渠道和程序来表达自己的政治诉求、实现自己的政治抱负。要着力培养那些有正气、有本事的学生，为净化高校的政治生态培养新生力量。

(二) 要有良好的心理承受能力

学生干部处在矛盾的焦点上，被同学们说三道四是难免的，众口难调嘛！遇到这种情况就要冷静地分析，是自己的工作方法不妥当，还是同学们有意刁难。如果是自己的工作方法不妥当，就应该尽快纠正自己的工作方法；如果是同学们的故意刁难，则可以不予理睬。特别是对于刚进入大学的新上任的学生干部，来自四面八方的学习精英不一定马上承认自己的领导地位，这时学生干部一定要有坚强的政治定力，咬牙坚持下来，并且注意多为同学们服务，时间长了同学们才会承认你的领导地位。

学生干部还要承受得住来自老师的批评。一般来说，私心杂念越少的干部受老师批评的概率越小，工作经验越丰富的学生受批评的概率也越小。所以，学生干部在工作时一定要有良好的动机，多为同学着想、多为老师分忧，这样即使做错了事情，也会得到老师的原谅。工作时要多动脑子，把事情尽量做得漂亮一些，受批评的概率也会大幅度减少。如果确实是因为自己做错了事，受到老师的批评，那就应该虚心接受。从某种意义上讲，困难挫折也是一笔财富，它使我们在以后的工作中少犯错误，少走弯路。

学生干部要有冲劲，有闯劲，有开创新局面的能力，不怕失败，不怕挨批评，要生龙活虎，在工作中不能"前怕狼后怕虎"，也不能缩手缩脚，打不开局面。不会干不要紧，不会干可以向同辈学习，向老师请教，在克服困难的过程中把自己历练成一个成熟的学生干部。

每个学生干部都要与老师保持密切的联系，做工作要件件有落实、事事有回音。不要只接受了任务就没有回音了，不向老师汇报工作的过程和结果，应使老师始终掌握自己的工作进展情况，不用为自己的工作操心。在思想感情上始终与老师保持一致，这样，师生关系才能融洽，沟通思想、商量工作才能顺畅，自己的意见和建议也更容易被老师听取和采纳，并且，与老师汇报和交流的过程，也是自己学习和提高的过程，因为老师的知识比学生多，工作经验比学生丰富。与老师保持密切的联系，有解决不了的问题能及时向老师反映，争取得到老师的帮助和支持，这样自己的工作就会顺利得多。如果没有老师的支持、没有同学们的拥护，仅凭个人的力量，几乎任何事情都干不成。

（三）要正确对待利益和荣誉

无论在什么地方，只要你自己给组织和同学做出贡献，都会得到组织的奖赏。但是，对于自己应得到什么样的利益或奖赏，却不是自己能决定的事情，这个需要组织在征求了各方面意见后做出决定。任何人都只有为组织努力工作的义务，而没有向组织伸手要官和要利益的权利。自己的意见和建议可以向组织积极反映，但不能以辞职和其他方式要挟组织，也不能搞地下活动，拉帮结派，相互吹捧。照目前情况来看，有些学生干部在工作当中动机不纯，功利心较重，加入学生干部团队的目的仅仅是给自己"镀金"，争取更多的评优机会,为将来顺利就业争取更多的资本。① 这种观念是完全错误的。既然自己当了学生干部,就应当有公仆意识,甘于为同学们的利益贡献自己的一切,并且,大多数的老师眼睛也是雪亮的,你做了哪些贡献,他们是心知肚明的,他们会知道如何奖赏和鼓励你的。在荣誉和利益面前,要学会淡定,要经得住组织的考验,这样才有利于个人的长远发展。

(四)要正确处理工作和学习的关系

我国高校学生的学校活动非常丰富,可是这些高质量以及高水平的活动一般都需要学生干部抽出时间以及精力来进行筹划,这就导致了很多学生干部的学习时间被占用,使得学习成绩降低。在学校,教师为每个学生干部分配不同的活动任务的时候,学生干部都要抽出一定的时间对活动进行安排,部分学生干部会直接放弃学习。此外,因为当前很多企业对于人才综合素质比较看重,所以,很多学生会将综合素质简单地认为是社会经验,而并非学习成绩。② 然而,学生干部的身份仍然是学生,学生的主要任务仍然是学习,不能一当上干部就官迷心窍,一心只钻研权术、研究官道,任何一所大学都不能把学生培养成专门的社会活动家,凡是因为社会工作耽误的学习,都应该用业余时间把它补回来,学好专业知识,才是学生最根本的任务。当学生干部当然能够积累一些社会经验,学会一些工作的技巧,但是,如果没有专业知识的支撑,这些经验和技艺终有过时的时候,只有掌握了学习方法和学习能力,才能永远立于不败之地。工作经验固然重要,但工作五六年之后,就可以全面掌握,如果工作的时间更长,经验就可以上升为理论。但是,学好专业知识只有在大学里条件才是最好的,一旦离开了大学,就没有大学里的学习环境和学习氛围了,并且,工作了以后,虽然可以继续学习,但时间上有工作的牵扯,精力上有家庭的牵扯。所以,不能以耽误学业为代价去当专职的学生干部,要做到学习与工作两不误,专业水平与工作能力双提升。

此外,学习成绩不过关,许多荣誉由于成绩的限制也很难获得。据调查,

---

① 唐贤明. 和谐社会视角下高职院校学生干部团队建设的研究[J]. 人力资源管理,2009(10): 54-56.
② 闫婷. 新时期高校学生干部队伍建设存在的问题及原因分析[J]. 教书育人·高教论坛,2018(12): 57.

85%的学生认为有威信的学生干部的学习成绩应该保持良好的水平，不然会严重影响学生干部的威信，也会给自己带来更大的压力和负担。[①]

### 三、在工作中锻炼学生干部的能力，造就一支优秀学生干部队伍

《高校学生干部培养规划（2006—2010）》中明确指出，高校学生干部的能力培养和素质提升是一项艰巨的、长期的、系统性的工作，针对当前高校学生干部中存在的问题，只有提出有效的解决措施，加强高校学生干部的能力培养和素质提升，才能促进学生干部更好地成长成才。

提供舞台、鼓励作为，是对学生干部最大的支持，只有及时了解掌握学生干部的思想动态、工作情况，激发学生干部干事创业的内生动力，才能让学生干部脱颖而出，成长为学生信服的带头人。在具体工作中，辅导员要根据学生干部的个人特点安排职务，搭建一个合适的工作班子，在各项具体工作中培养团队合作能力，顺利开展好班级、院系的学生工作。

#### （一）搭配一个团结和谐、配合默契、坚强有力的领导班子

搭配领导班子不是一件容易的事情，是要费一些脑子的。首先要做的工作就是深入调查研究。要深入到学生中，了解每个干部人选的思想品德、性格脾气、道德修养、能力水平、奉献精神、团队意识；要选择一个道德品质好、工作能力强的班长，在重大问题上能担起事来；要选择一个能放下身段、有凝聚力、有亲和力、善于把大多数同学团结起来、善于做学生思想工作的团支部书记；要根据每个干部的性格脾气和爱好特长，安排最适合他的工作，使一个班子既能团结合作，又能充分发挥每个班子成员的作用。

其次，班子搭配好，就要有一定的授权。大学的学生干部比中学的学生干部要有更大的独立性，所以授权要适当地多一些。要教育学生干部，每个人都要克服"个人英雄主义"的思想。班长和团支部书记要注意调动每个班子成员的积极性，发挥好每个班子成员的作用。同时，每个班子成员也要自觉维护班长和团支部书记的威信，要在工作中争着做贡献，不要在班级内争

---

① 王德佳. 浅谈高校学生干部的能力培养与素养提升 [J]. 当代教育实践与教学研究，2020（8）：132.

高低，每个学生干部都应该有这样的政治觉悟和政治自觉。只有这样，这个班子才会有凝聚力和战斗力，每个班子成员都要自觉履行自己的岗位职责，在自己的岗位上发光发热，要像一颗螺丝钉一样，在自己的位置上发挥作用，承担重量，绝对不能占着位子不工作。

再次，要教会学生干部工作时要刚柔相济、以柔为主。"刚"就是指工作要有一定的硬度，能压住邪气，敢于说话，敢于负责，有开拓新局面的能力，但是，工作的"刚"不能刚到生硬的程度。"柔"就是指会做学生的思想工作，善于以理服人、以情动人，善于广交朋友，善于联络学生的思想感情，要经常而广泛地与同学们谈心，交流思想，把大部分同学团结在自己的周围，这就是亲和力。工作切忌生硬，不能硬碰硬地与大多数同学对抗，如果是这样，大多数同学都会走到自己的对立面上去，使自己的工作无法开展。群众工作不是靠命令，而是靠关心、爱护，与同学们心灵相通。

最后，要教育学生干部掌握班级管理主导权。要善于把90%以上的学生团结在自己的周围，不能让班里的歪风邪气形成气候，与班级的"合法组织"对抗，班委和团支书要牢牢掌握班级管理的主导权。同时，要做好落后学生的教育和转化工作，带领他们共同进步。搞好团结最好的方法是坦坦荡荡，不谋私利。

### （二）在工作中培养学生干部的团队意识和精品意识

现代社会是一个分工高度发达的社会，大多数的工作都不是一个人能够独立完成的，需要集体的智慧、集体的合作才能完成。"学生干部的工作大多需要通过集体参与和团队协作完成。当前大学生大多数是独生子女，自我意识较强，再加上自身能力和条件的局限，有些学生干部缺乏顾全大局意识和奉献精神，优秀的团队领导者非常少；有些学生干部由于无法在团队中找到自己合适的位置而无法融入团队；有些学生干部则因为嫉妒、傲慢等心理，搞个人主义，做出一些破坏团队团结的事，如造谣、拉帮结派等，造成团队无法形成合力，极大地影响了学生干部团队的工作效率。"[①] 作为一个学生干

---

[①] 张喆，周海峰，刘平．浅谈新时期高校学生干部团队管理［J］．中北大学学报（社科版），2012（28）：28.

部就应该有合作精神和团队意识，要学会与人合作，利益与人共享。在一个班子中，既要发挥自己的最大特长，又要注意把别人的特长也充分发挥出来，有团队合作精神才能获得最大的成功。班子成员要学会取长补短，相互学习、相互配合、相互补台。利益共享是合作的基础，按照班子成员贡献大小来决定他能分享的利益和荣誉的大小。这样，就可以充分调动每个班子成员的积极性，共同把班级工作做好。

要教育学生干部树立精品意识。一项工作，要么不做，要做就做得最好，不能有将就、糊弄的思想。无论做什么工作都要学会开动脑筋，要富有创造性。要发挥每个成员的创造力，使工作闪烁着智慧的光芒。做完每一项工作都要产生成就感。

每个学生干部都要积极主动地工作，要做到"眼里有活"。不能老师吩咐到哪里就干到哪里，老师不吩咐就不知道干什么。只要是自己班级的工作都是学生干部要关心的工作，如果直接负责人在场，就应该由直接负责人处理；如果直接负责人不在场，就应该根据事情的紧急程度，思考是由自己先代为处理，事后再向直接负责人报告，还是自己先平息事态，然后再由直接负责人来做最后的处理。

马克思曾经指出，"作为确定的人，现实的人，你就有规定，就有使命，就有任务，至于你是否意识到这一点，那是无所谓的。这个任务是由于你的需要及其与现存世界的联系而产生的。"[①] 一个职务就是一份责任，学生干部的工作不能是三分钟热度，只图满足自己的虚荣心和好奇心，一遇到麻烦事就打退堂鼓。学生干部要有韧性、有韧劲。一经上任，就应该努力工作。越是遇到困难，越要开动脑筋，想办法克服困难。克服困难的过程就是自己工作能力提高的过程。克服的困难多了，驾驭复杂问题的能力就强了。不会处理的问题可以问学长、问老师，在克服困难的过程中慢慢地历练自己。

（三）让每个学生干部学会做学生的主心骨

权力的本质在于影响力。影响力的来源有两种：一种是强制性的，依靠

---

① 中共中央马克思恩格斯列宁斯大林著作编译局. 马克思恩格斯选集（第三卷）[M]. 北京：人民出版社，1972：329.

职位权力和强制性权力带来；一种是非强制性的，它是软性的权力，与职位无关，与领导者个人的能力、魅力和魄力密切相关，能影响他人自觉自愿地按照领导者的意图去行动。

学生干部是学生自我管理的组织者，他们没有实质上的硬权力，他们要影响学生的行动更多需要软性的权力，这就对学生干部的个人能力、魅力和魄力提出了较高要求。

由于大学阶段正是一个人能力培养、锻炼的关键节点，担任学生干部就要有意识地培养个人的影响力，即做同学们的主心骨。

学生干部与学生的关系最近，对每一个同学的性格脾气最了解，所以，如果老师不在场时发生了意外事件，要临危不乱，沉着应付，如出现学生打架、安全事故和急救事件时，一定不要自己先慌了神，要一边平息事态，一边报告老师，让老师帮忙出主意。如果时间来不及，也可以先平息事态，再报告老师，力争把损失降到最小。对突发事件的处理是学生干部锻炼自己能力的磨刀石，辅导员应善于利用突发事件培养干部。

高校辅导员作为学生工作的一线人员，应该善于引导、辅导、督导、教导学生干部满怀激情地投入为全体学生服务的工作中，在实践中培养锻造一支优秀的学生干部队伍，为国家和社会培养出优秀的人才，不辜负学校和社会对自己的期望。

# 高校生命教育机制研究与探索报告

朱 敏

本项目自立项以来,按照项目研究内容、方案和进程,聚焦"生命管理"研究总目标,运用积极心理学的理念,搭建了专业咨询、课程、主题活动、家校共育四个实施平台,选定了认识生命、尊重生命、珍爱生命、热爱生命、创造生命五项主要内容,积极探索、大胆实践,构建了融体验性、教育性为一体的综合性积极生命教育与服务实践机制。从项目实施开展情况看,学生关注自我生命的意识增强了;从学生整体精神面貌看,积极情绪管理、积极行为养成、积极人格塑造等方面都呈现出了较好的态势,学生个体的生命力量得以凝聚、升华,整体生命能共存、共荣、共生。具体情况如下:

## 一、积极生命教育价值观深入人心

大学生生命教育是一个系统工程,需要根据大学生活的实际情况以及大学生群体的真实需求,设置真正适合大学生特点的教育内容与服务途径。本项目运用积极心理学的理念,倡导积极体验,引导学生关注积极人格、积极力量、积极品质对生命成长的重要作用,以尊重生命个体、挖掘生命潜能、提升生命弹性、扩展生命资源为宗旨,围绕乐观、福流、个人幸福感等积极情绪体验目标设置综合体验项目内容,整合个体和环境的优势与资源,让学生在真实的体验情境中感受生命状态,探讨生命体的最佳机能,塑造乐观坚强的积极生命品质,最终形成积极的生命教育观。

## 二、搭建了高校生命教育的实施平台

1．"心灵护航"平台

建设了一支专业能力强、思维活跃的积极心理取向专业咨询师队伍，线上与线下相结合创新服务渠道与形式，多方位、多视角提供咨询服务，不断完善和创新咨询服务体系。

2．"导师陪航"平台

建设以积极情绪体验、积极行为养成、积极品质培养为主的情境体验式心理健康教育课程，通过课程进行积极引导；充分发挥辅导员和心理健康教育专职教师的作用，培育一支胜任本课程要求的"导师"队伍，打造"幸福导师"团队；同时辅导员在日常谈心谈话、主题班会中融入积极心理学理念。

3．"朋辈共航"平台

强化对班级心理委员、宿舍心理委员的培训，以积极心理学理念为培训内容设置培训计划，定期开展培训，充分发挥朋辈互助的角色作用，营造积极的班级与宿舍氛围。

探索与学生生活紧密相连的主题，以多元化主题设置活动内容。按照主题内容，结合不同时间节点，形成以春季学期为辐射的全年"生命教育"系列活动方案。

4．"家校助航"平台

增强学校学生管理人员的积极心理教育意识，强化生命教育服务理念。加强日常工作中对生命教育的关注，提高学生服务的专业化、职业化水平。同时与专业课教师进行充分的交流与沟通，协同进行生命教育，取长补短、及时补位。

加强家校合作，通过新生入学、日常教育、毕业教育、寒暑假等时间节点加强与家长，特别是特殊群体学生家长的沟通与交流。通过家访、家长课堂等形式不断创新家校共育的途径，形成学校、家长互通有无，共同守护学生生命健康与发展的局面。

### 三、确定了高校生命教育的主题内容

生命教育是对生命关怀的教育。生命的幸福来源于对生命与健康、生命与安全、生命与成长、生命与家长、生命与关怀的认识与体验。针对目前大学生群体中存在的自伤自残现象、"空心病"症状等漠视生命以及生命状态不佳的现状，为了帮助学生提高生命意识，学会尊重生命、理解生命的意义，培养积极的心理品质，养成积极的生命价值观，促进人格的优化与整合，项目组最终确定了认识生命、尊重生命、珍爱生命、热爱生命、创造生命五项生命教育内容。

认识生命，包含认识自然、认识自我、认识世界。了解自然界物种生存的自然法则，增强爱护自然、保护环境的意识；学会正确认识和评价自己，培养自我接纳、自我完善的能力；客观认识他人与环境，培养社会主流价值观；尊重生命，包含遵纪守法、爱护善待生命、主动承担社会责任等；珍爱生命，包含心理健康知识普及、心理危机干预等；热爱生命，包含生活技能学习、兴趣爱好探索等模块；创造生命，包含"创造奇迹自我挑战""艺路同行""学海激进"等，引导学生挖掘生命潜能、创造生命价值。

### 四、基本完成了项目设定目标

（一）品牌建设目标：以积极心理学理念为指导，构建了系统化的高校生命教育实践机制，形成了以体验性的生命教育课程、主题活动、咨询服务、家校共育为主要形式的四大平台，形成了一套可借鉴的推广的生命教育模式，打造了省内高校生命教育实践机制示范品牌。

（二）品牌育人目标：坚持育心与育德相结合，加强人文关怀和心理疏导，把学生的思想问题、心理问题与解决实际问题结合起来，在关心呵护和暖心帮扶中开展积极生命体验引导，使项目活动对象呈现出良好的积极生命状态，生命管理的意识深入人心。

在参与活动的群体中，普通学生群体和特殊学生群体的生命状态都有所改善。从普通学生群体来看，他们能积极参与活动，积极关注生命状态，调

整不适状态，积极寻找生命目标与意义，心理状态稳定；从特殊学生群体来看，他们通过参与活动，积极与病魔共处，在老师、家长、朋辈群体的共同关爱下，焦虑、抑郁情绪有所缓解，社会功能方面也有了很大的改善，有的改善了紧绷的人际关系，有的结束了常年挂科补考的状态，有的考上了研究生。

**五、主要成果**

形成了系统化、品牌化的高校生命教育实践与服务机制并在行业内获奖。项目"同呼吸 齐守望 共享生命成长"11245生命教育专题活动，获评2020年山东省大学生心理健康节特色活动。同时，生命教育专题活动被"学习强国"报道，成为兄弟院校春季特殊时期专题心理健康教育活动的典型范例。

项目中的单个活动被主流媒体收录并刊出。"心灵护航"系列生命教育活动之"身心安宁之声"减压音频，被山东省教育厅"山东教育发布"中"战疫情——山东高校在行动"栏目刊出，同时被收入山东省大学生心理健康教育委员会编写的山东省高校心理抗疫手册。生命教育活动自启动以来，在学生公众号及山东管院易班平台发布，在以学生、学校、校友为轴心的整个家长、亲友、同行圈中引起了很大的反响，收到了众多的肯定反馈。

**六、存在问题**

（一）平台建设还不够完善，载体形式比较单一

平台建设载体的形式比较单一，如在"导师陪航"中，目前只有心理健康教育课程和辅导员的主题班会两种载体，且二者尚未形成系统化的内容体系，与普通心理健康教育课程和普通主题班会在内容上还缺少足够鲜明的区分度；"家校助航"平台目前有四种载体，但在有效的家校互动合作模式上，还需要进行进一步的探索与思考。

（二）主体内容的内涵还需要丰富和完善

项目主体内容的内涵建设还缺少丰富化、立体化、系统化的思考。目前

生命教育的主体内容由认识生命、尊重生命、珍爱生命、热爱生命、创造生命五大模块构成，在每一个内容模块上，项目组针对学生在大学阶段的不同需求设定了相应内容，开展了相应工作，也收到了一些效果，但因缺乏深入的思考，导致各项具体内容的实施结果与预期效果之间还有一定的差距。

（三）具有推广价值的代表性成果过少

项目活动虽然获得了山东省大学生心理健康节特色活动，单个活动"心灵护航"系列生命教育活动之"'身心安宁之声'减压音频"被主流媒体收录并刊出，但至今并未形成可供发表、推广和借鉴的代表性论文或报告，单个活动并未进行充分扩展、挖掘。

**七、今后改进方向**

（一）广开思路，完善平台建设，丰富平台载体

现有平台载体的形式，如在"导师陪航"平台，加入全体任课老师、学业导师等队伍的力量，利用课程思政主渠道，融入积极生命教育的内容；联系红色教育基地、殡仪馆等与生命话题紧密相关的单位，开展相应的生命体验活动，丰富生命教育的场所与素材，增强生命教育的现实性；设置生命教育专家讲堂等，引入社会支持力量，形成学校、家庭、社会一体化的育人载体。

（二）充分调查研究，根据需求，有针对性地丰富项目内涵建设

围绕五大模块内容，针对不同群体深入调研了解需求，据此分层分类设定具体生命教育与管理的内容指标，如在"认识生命"主题内容中，针对大一新生增加天文、地理、生理等内容，引导学生在浩瀚的宇宙中，在物种的演进中感受生命、理解生命、认识生命；针对大三学生，增加人文主题的内容，引导处于人生选择期的他们关注现实生活中真实的生命状态，感受生命的脆弱、不屈、丰富与多彩，培育珍惜生命、创造生命的积极生命观。

（三）及时总结，勇于创新，不断探索项目建设中的"亮点"

将前期工作进行总结和梳理，形成可复制推广的模式，并以论文或报告的形式呈现，进一步推广研究成果；不断挖掘探索"亮点"，形成生命教育的视频、音频、课程资料库。

# 立德树人,做好学生成长的引路人
## ——山东管理学院劳动关系学院学业导师工作纪实

安 娜 胡 妙

在山东管理学院劳动关系学院的育人前线,始终活跃着这样一群人:他们日常督促学生专业学习严格认真,关心关爱学生成长细致温暖,循循善诱引领学生学术由浅入深,耐心细致指引学生参与创新创业成果硕硕……他们就是引领成长、润物无声的学业导师队伍。自校园实施疫情封控管理以来,山东管理学院劳动关系学院持续发挥学业导师在学生全面发展中的"导学"作用及疫情防控期间的育人作用,学院全体学业导师积极行动,组织线上线下见面会,关心学生动态,引导学生树立积极心态,帮助学生提高自我管理和自主学习能力,实现"教书"与"育人"的紧密结合。在这个疫情下别样的春天,虽然校园实施封控管理,但因为他们的陪伴,也让疫情下山管的校园生活变得更有色彩。

### 一、立德树人,做好学生成长的引路人

劳动关系学院认真落实立德树人根本任务,把发挥学业导师作用作为提升人才培养质量的重要举措。学院定期组织各专业召开学业导师工作交流会和研讨活动,重点关注疫情影响下学生的心理变化和学习生活,鼓励学业导师根据专业特色和学生特点,特殊时期尤其需要从思想政治教育的高度、学业指导的维度、学生个性发展的广度等多方面开展多种形式的见面活动。4月份,学院40余名学业导师组织百余场线上线下见面会,不断强化学业导师引领示范作用,真正把为学、为事、为人统一起来,当好学生成长的引路人。

## 二、指导入微，做好学生思想的守护者

学业导师在日常指导中时刻注重价值引领，努力做好学生思想的守护者。"将来能让你和他人受益的，都是你用心付出、踏实对待的那件事。"社会工作教研室的张桂梅教授在与学生的交流中多次提到疫情防控中广大社会工作者的奉献精神。张老师鼓励社工专业的同学们扎根基层，坚守一线，主动担当作为，发挥专业优势服务广大群众，在抗疫一线闪耀着社工人初心使命的别样光芒。劳动关系教研室的杨晓老师将导师见面会"搬"至匠心苑，师生共同漫赏春光，感悟精神，交流心得。师生更像是朋友一般畅谈对专业课的理解、线上学习的效果、未来升学与就业的规划等。"就像我们国家历经的艰苦卓绝百年工运史，我们如今和疫情也只是换了一种形式在'战斗'；就像品味工匠精神，'人心惟危，道心惟微；惟精惟一，允执厥中'，让灵魂只专注一事。"杨老师鼓励同学们，疫情防控反而为我们提供了一个契机，成就了一份坚守，身在校园，更能让我们沉心静思，专注学习，期待疫情退散，我们蜕变成更好的自己。老师们用专业与专注传递出与学生"守望相助"的温度，努力做好学生思想的守护者。

## 三、悉心学业指导，"云端"注入学风建设新动力

封闭管理期线上教学运行效果是导师们关心的重点，除了精心设计教学计划、开发教学资源、安排课程内容等，更多的是关注同学们的学习状态。为了促成良好的"云端"学风，学业导师无论是在专业学习还是学术研究方面都尽可能地提供帮助。社会工作教研室的刘然老师经常组织学生们交流碰撞最新学术观点，分享对专业领域研究前沿问题的看法，耐心细致地对本科阶段的学习生活提出中肯的建议。近期结合疫情的大背景，他带领学生共同研学《疫情危机中的社会韧性建构与社会工作定位》《重大疫情治理的社会工作专业优势》等文章，帮助学生了解抗疫背景下社会工作学术发展与学科前沿，探寻疫情抗击中社会工作的专业优势与独特价值。人力资源管理教研室的陈晓晨老师为学生们推荐了专业书籍与期刊、常用数据资源网站及英文文

献检索网站。为了督促学生阅读文献，增加知识储备，陈老师特意建立了文献共享文件夹，帮助学生扩大知识储备，鼓励学生主动学习。

导师们就像学生专业学习与学术之路上的灯塔，启迪思想，鼓舞人心，引领学生走向光明的彼岸。

### 四、创设多元情境，鼓励学生志愿服务抗疫一线

社区是打赢疫情防控阻击战的重要支撑，社会工作专业学业导师们发挥专业特长，策划了"社工学子助社工"志愿活动。杜婷婷老师联系到槐荫区青年公园街道社工服务站，策划了"社工很好——我的社工日记"活动，让社工学子运用专业技术帮助社工疏解情绪。在抗疫的特殊时期，社会工作者工作最为繁重，他们始终冲在抗疫的第一线，承受了更大的压力。学生通过开展社工分享、活动策划、舒压小组等活动，为战斗在抗疫一线的社工们舒缓了压力，放松了心情，提高了士气。导师带领学生用专业的方法和奉献的精神为一线抗疫社工送去了心灵的温暖，增强了学生的社会责任感和职业自豪感。

### 五、解读"双创"大赛，点燃学生创新创业热情

赛教结合，以赛促学，疫情期学业导师们以更加灵活的形式开展线上交流指导，实现疫情防控期间"不停创"。人力资源管理教研室的杨健平老师针对第八届中国国际"互联网+"大学生创新创业大赛进行赛前辅导，围绕大赛项目培育和提升，结合评审规则，从项目商业计划书、PPT、路演三个方面的提升做了深刻阐述。他围绕历年获奖优秀项目案例，生动地讲解了如何把握命题需求、提升项目亮点和优化项目逻辑，讲述了项目整合、优化的策略和方法。

### 六、打磨人生规划，组织考研求职朋辈分享

毕业季将至，为了不让同学们带着迷茫与困惑走出校园，学业导师们精心策划了一场场职业生涯规划指导，邀请高年级学生为低年级学生传授求学

求职成功经验。劳动关系教研室的孙婷玉老师、赵抗抗老师分别组织了线上线下考研上岸经验交流分享会，邀请已被录取为研究生的同学做经验分享、解惑答疑。人力资源管理教研室的段升森教授为在校生制订疫情下的学业促进计划，帮助毕业生进一步完善职业发展规划。

**七、护航身心健康，走近学生精准帮扶助成长**

学贵得师，亦贵得友，学业导师们亦师亦友，关注同学们全方位成长状态，关注每一位学生的身心健康，成为有温度的教育者。人力资源管理教研室的王南南老师通过线上会议深入了解疫情防控期间同学们的学习和生活状况，督促在校外实习的马同学加强疫情防范的意识和能力，对于考研一轮调剂失败的张同学进行心理疏导。社会工作教研室的邵露曦老师分享了所在小区舜耕街道社工助力疫情防控的工作事迹，指导学生配合学校管理，以乐观积极的心态应对封闭管理期间的学习和生活，鼓励学生疫情防控期间多读书学习，开阔眼界，增加户外锻炼，缓解负面情绪。

"疫"路相伴，守护前行，疫情防控期间山东管理学院劳动关系学院的学业导师们始终与同学们相伴相守，一声声叮咛、一次次嘱托，于细微处见真情。他们用实际行动恪守育人本心，诠释师者本色，在疫情防控形势依旧严峻的当下用自己的方式默默奉献，为培养出肩负民族复兴大任的时代新人贡献力量。

# 管理时代的教育逻辑
## ——高校学生管理供给侧改革[①]

顾笑然

习近平总书记在中央财经委员会第十一次会议上提出,"在适度扩大总需求的同时,着力加强供给侧结构性改革,着力提高供给体系质量和效率。"供给侧结构性改革,引发了社会广泛关注和思考。作为教育工作者,必须准确把握国家大政方针,进而推演对教育管理影响及人才培养的要求。

高校学生管理是教育管理工作的重要组成部分,科学、规范的大学生管理模式是实现高等教育培养目标的重要保证。伴随着改革的深入,我国社会发展逐步实现"现代化"和"市场化"重大转型。在摆脱计划经济"集体利益"思维窠臼的同时,凸显市场主体"个体利益",引发思想碰撞不可避免地会影响到大学校园。当前,大学生学业压力、就业焦虑、抑郁等心理问题突出,自律意识差、抗挫折能力弱、集体意识淡薄等思想问题严重,以自我为中心、虚荣心重、功利心强而引发道德风险,使得高校学生管理模式和运行机制面临严峻挑战。传统高校学生管理理念、管理方法立足于学校本位单一供给,从学业进程到生活细节,高校将大学生活的方方面面统统纳入管理、力求规范,从而漠视大学生心理特征、思维方式和成长规律,片面强调管理形式的统一和规范。

大学生是祖国的未来、民族的希望,是实现"中国梦"的精英力量,新

---

[①] 本文是2015年山东省高校人文社会科学研究计划(思想政治教育)专项课题《现代管理学方法在高校学生教育管理中的应用研究》(J15YB20)和2016年度山东省青少年教育科学规划课题《高校大学生事务管理机制研究》(16AJY066)阶段性研究成果。

时期加强高校学生管理具有重大而深远的战略意义。因此，探索高校学生管理供给侧改革，提供全方位、多层次、可持续的学业支持，以培养学生的创新意识、创造精神、创业能力，研究意义重大、影响深远。

## 一、概念解析：需求与供给

需求与供给，是经济学的基础概念，"是经济学家最经常——而且有充分的理由使用的两个词"[①]。微观经济学认为：资源配置是由市场机制实现的。因而，微观经济行为主体被划分为买方（Buyers）和卖方（Sellers）。买方产生需求，卖方创造供给，为买卖双方提供交易便利的制度安排，则是市场（Market）。

教育过程与市场过程有共性之处，其基础是交易行为，利益互换客观存在。教育市场上，买方是学生和家长，卖方是学校与教师，买卖的标的是教育服务，价格体现为学费。诺贝尔经济学奖得主约瑟夫·斯蒂格利茨（Joseph E. Stiglitz）将教育视为"公共供应的私人产品"[②]，山东大学的臧旭恒、徐向艺、杨蕙馨教授认为教育不能满足公共产品的"非排他性"和"非竞争性"特征，认为"教育实质上是一项私人物品"[③]，高等教育的私人产品属性最为明显。计划经济时代下，教学关系呈现为教师讲授灌输、学生被动接受；市场经济条件下，教学关系可理解为买与卖的平等关系。伴随着改革的深入，我国社会经济诸多领域实现市场转型，但是高等教育管理体制依然行政垄断特色鲜明。市场作为买卖双方交换的集合，为买卖双方博弈、供求相互作用提供了制度安排，但是垄断的存在导致教育市场的扭曲，造成消费者主权无法自由体现的问题。高校乃教育之所、人文渊薮，瞻望改革途径：其一，如美国学者亨利·列文（Henry Levin）所言："利用生产函数和有效学校方法来

---

① 曼昆. 经济学原理（第7版：微观经济学分册）[M]. 梁小民，梁砾，译. 北京：北京大学出版社，2015：71.
② 安东尼·阿特金森，约瑟夫·斯蒂格利茨. 公共经济学 [M]. 蔡江南，等译. 上海：上海三联书店，1992：637.
③ 臧旭恒，徐向艺，杨蕙馨. 产业经济学（第四版）[M]. 北京：经济科学出版社，2007：382.

发展教育方面的停滞不前的状况,导致了寻求提高教育生产率的新思路。一个总的转变就是增加教育的选择性,以便使学校间为争取学生而竞争,从而使学校调整其教育教学以便更加切合学生的特殊需要。"① 此为西方教育改革实践所证明,成绩斐然。其二,便是当下中国教育供给侧改革,通过调整教育结构、改革管理方式,以提高教育质量促进办学发展,探索富有中国特色的教育管理模式,前途光明。

## 二、高校学生管理模式的供给与问题

以高校学生管理问题为例,这既是一个老话题又是一个新课题。在不同历史时期、不同发展阶段、不同内外部约束条件下,对高校学生管理问题的思考和回答不尽相同。新生代大学生与生俱来的时代特点,决定了新常态下管理改革是必然选择。教育管理供给侧改革,是指从教育管理理念、制度和运行机制的供给端入手,通过解放思想和鼓励创新,着力提高教育质量和办学效益,增强教育发展的动力,以促进教育水平的整体提升。这一理念既是由于受到国家层面改革导向的启示,更是源于解决进入新常态下高校学生管理所面临的一系列的现实问题和突出矛盾。

问题一:教育管理结构性有效供给不足。

在我国,高等教育规模之大、在学人数之多,成绩斐然、有目共睹。院校虽众,却不同程度地存在定位不明、特色不显、目标趋同、跟风升格、求大尚名、管理模式单一等问题,学校本位理念下的管理模式及运行机制可窥其因。

教育服务的供给,是教育水平和管理能力的体现。理想状态下,求学诉求与教育服务供给等量匹配,恰好达到供求平衡使买卖双方均达到满足。现实中,高校的管理制度及运行机制(供给)相对单一,大学生学业和生活的各种诉求(需求)复杂多样,双方的交易空间、博弈过程并非理论假设所设想的那样简单和单纯,而是呈现出纷繁复杂的有机体系。当代大学生学业压

---

① 马丁·科尼.教育经济学国际百科全书(第二版)[M].闵维方,等译.北京:高等教育出版社,2000:363.

力、就业焦虑、抑郁（心理问题）、自律意识差、抗挫折能力弱、集体意识淡薄（思想问题）、以自我为中心、虚荣心重、功利心强而引发道德风险（品德问题）……凡此种种无不指向高校教育管理模式及运行机制。千校一面、办学发展缺乏特色，是学校本位理念下管理模式和运行机制供给单一的表征，教育管理结构性有效供给不足使然。

问题二：教育管理有效供给跟进不到位。

高校是各种文化和思潮汇聚、碰撞之所，因为社会上不文明现象、网络上不健康信息以及各种不良思想（个人主义、拜金主义、享乐主义）对校园生活进行渗透，加强高校教育管理无可厚非。但是，大学生自入校开始普遍成年，高校学生管理并没有将大学生视为具有民事行为能力的成年人。从学业进程到生活细节，高校将成年学生的方方面面统统纳入管理、力求规范。毛泽东主席在《反对党八股》中批评"无的放矢，不看对象"①，漠视大学生心理特征、思维方式和成长规律，就难以引导当代大学生的思想观念、价值取向和行为方式。学校本位理念下惯习所致片面强调管理，必然造成教育管理有效供给跟进不到位。

所谓"惯习"（Habitus），一般被定义为组织或个人的主观判断、客观行为倾向性系统。"惯习使人们倾向于在特定的情况下，以特定的方式采取行动或做出反应。"② 受制于现行招生政策和教育管理体制，高校招生计划、专业设置、学制时限、学位授予……惯习于教育主管部门指令进行行政管理。与经济学理解不同，营销学认为卖方（院校）构成"行业"，买方（学生）形成"市场"。新常态下，学生被重新定义为消费者（Student as Consumer），而高校的经营哲学（Business Philosophy）却没有与时俱进。公办高校大都惯习于生产观念（Production Concept）或产品观念（Product Concept），对市场需求（求学诉求）的多样性和动态性并不敏感；民办高校较之公办高校，品牌、师资皆无优势，秉持推销观念（Selling Concept）是理性选择也是别无选择；国外著名私立高校已然接受营销观念（Marketing Concept），以市场需求为中

---

① 毛泽东. 毛泽东选集（第三卷）[M]. 北京：人民出版社，1991：836.
② 拉亚妮·奈杜，乔安娜·威廉斯. 学生和约与学生消费者：学习的市场化与高等教育公共产品性质的侵蚀 [J]. 北京大学教育评论，2014（1）.

心组织教育运营与管理，有效满足消费者的需求。① 教育供给侧改革，恰恰是要求高校摒弃以往惯习，建构全方位营销（Holistic Marketing）理念，以学生求学欲望和社会实际需求为导向，组织教育服务的研发和供给。在我国高等教育领域，市场势力（Market Power）长期保持强大，行政垄断设置行业壁垒使"店大欺客"现象司空见惯，由此缺乏激励和内驱力，而难以开辟、发现和满足学生需求市场。

当代大学生普遍存在心理问题和问题思想，问题得不到解决很大程度上源自他们的诉求得不到重视、他们的需要得不到满足。高等教育管理改革必须摒弃学校本位管理的思想，摒弃以往从卖方市场视角看待教育供给，摒弃单纯从静态视角分析学生需求。教育问题管理求解，管理治标、教育治本，强调管理与强化教育并举，才能标本兼治。

### 三、高校学生管理模式的供给侧改革

所谓"供给侧改革"，就是从供给端入手，强调资源配置和有效供给。教育供给侧改革具有很强的现实针对性，其核心是通过办学结构调整实现教育转型，其目的是提升办学水平达到促进教育健康、持续发展。高等教育具有收益的外溢性，学生作为消费者构成了教育消费市场，家庭、企业和政府作为投资人促进了教育产业的形成。高校扩招，成功解决了劳动力供给量的问题，劳动力质量问题成为当下乃至未来国民经济持续发展的重大现实问题。

所谓"侧"，可以理解为侧重、偏重某一方面。在唯就业导向压力下，高校有沦落为"文凭工厂"之虞，教育服务供给方式犹如标准化的装配线进行流水作业。改变这一现实的根本途径，是从教育服务和教育管理的"供给侧"入手，也就是从教育资源的有效利用、教育管理的有效供给进行改革。

高校学生管理沿袭传统模式和思维习惯，在管理过程中强调管理手段和管理结果，忽视管理过程中大学生的人格形成和个性发展，从而制约大学生综合素质的全面提高。管理作为一种行为活动，包括计划（Planning）、组织

---

① 菲利普·科特勒，凯文·莱恩·凯勒. 营销管理（第14版）[M]. 王永贵，等译. 上海：上海人民出版社，2015：20.

(Organizing)、领导（Leading）、控制（Controlling）等职能。① 各种职能相互交叉、彼此关联，从而使管理行为动态呈现为循环持续的活动过程。教育供给侧改革，就是要通过管理创新引导高校管理由行政管理向提供服务转变、传统人工处理向以网络为核心的任务处理升级等，实现供求均衡。

供求均衡是双方相互作用的一种平衡关系，供给侧方面的改革最终是在创造需求、解决需求问题。新常态下，高校学生管理改革路在何方？教育供给侧改革的政策性解读和学术性阐释给出了明确答案：改变资源配置，提升管理绩效。针对高校学生管理问题而言，必须构建高校学生教育、管理和服务一体化机制。高校学生管理工作涉及部门广、人员多、责任大，相关工作缺乏协同机制，高校内部部门之间分工和责任不明晰，遇事推诿扯皮。创建一体化机制，有利于形成协同力，这是提高管理效率、提升服务水平、追求教育价值的必由之途。

究其学理，以往高校学生管理的认知建立在教育学基础上，研究视域囿于教育学一隅之见。管理只是一系列程序、方法和技术，是一种无须论证而形成"理论"的行为。这种应然而然的认识，使得教育管理的学科发展远远落后于她的姊妹学科——工商管理和行政管理。新时期，高校大学生管理的改革理念为：主张开放、强调多元、尊重差异、崇尚创新，以学业支持为中心、以思想教育为基点、以社团建设为渠道、以网络媒体为手段，对复杂的教育管理过程化繁为简，创新高校大学生管理机制，通过教育供给侧改革追求教育质量的改善价值。

**结束语：教育的未来，要靠管理进步**

现代管理学研究对象按照"事"或"人"，分为科学主义方法论和人文主义方法论。科学主义方法论，是指以自然科学的世界观，研究管理活动中以"事"为中心的方法论；人文主义方法论，是指以人文科学的世界观，研究管理活动中以"人"为中心的方法论。以"事"为中心的管理，称为"事

---

① 斯蒂芬·罗宾斯，玛丽·库尔特. 管理学（第11版）[M]. 李原，等译. 北京：中国人民大学出版社，2012：9.

本管理";以"人"为中心的管理,称为"人本管理"。二者各有优劣,非此即彼、偏执一端,皆有偏颇。

组织的效率归根到底反映的是人的绩效,在深省现实问题的基础上,借鉴现代经济学理论和中西共通的管理经验,探索教育供给侧改革,对高校学生管理模式进行实务重组与流程再造,以期构建符合国情、具有中国特色的教育管理理论。不仅"鉴于往事,有资于治道",还意味着跨越学科、拓展视域,以智慧启迪智慧、以创新引领创新。

管理是一个永恒的主题,更是一项复杂的系统工程。当教育改革进入深水区、打响攻坚战,注定充满挑战、需要披荆斩棘。依靠行政垄断、政策倾斜取胜的时代终将逝去,管理取胜时代的曙光必将到来。

(发表于《山东工会论坛》,2016年第5期,内容有删减)

# 家风教育融入高校学生管理工作探究[①]

卢玉亮

当前，我国既处于发展的重要战略机遇期，也处于社会矛盾凸显期，构建社会主义和谐社会意义重大。家是最小国，国是千万家，家庭是社会的基本"细胞"，社会的和谐稳定需要每一个家庭的和睦团结，二者构成息息相关、密不可分的命运共同体。家风是中华传统文化的精华，以其独有的传承方式和感染力对家庭成员的道德养成和行为养成具有潜移默化的教化作用，使基本道德约束成为家庭成员成长与发展的自觉行动和内在需要，对个人素质提升、家庭幸福和社会安定具有积极影响。

十八大以来，面对世情、国情、党情出现的新变化，习近平总书记非常重视家风建设在社会主义现代化建设中的积极意义和宝贵价值，结合自身经历和社会实际，在认真思考的基础上，习近平总书记多次发表关于家风建设的重要讲话，强调家风建设的重要性，2015 年习近平总书记在春节团拜会上强调，"不论时代发生多大变化，不论生活格局发生多大变化，我们都要重视家庭建设，注重家庭、注重家教、注重家风。"[②] 大学生正处于世界观、人生观、价值观的形成与确立阶段，将家风教育作为大学生思想政治教育的一种有效载体，融入高校学生管理工作之中，不仅有利于提高高校学生管理工作的实效性、创新性，而且对大学生的思维方式、价值观念和精神成长起着积极的引导作用，能帮助大学生全面健康成长成才，使他们成为实现中华民族

---

① 课题项目：本文是山东省高等学校人文社会科学计划项目——《习近平新时代中国特色社会主义思想的精神实质和丰富内涵研究》（项目编号：J18RB024）阶段性研究成果
② 习近平. 在 2015 年春节团拜会上的讲话［N］. 人民日报，2015-02-18（2）.

伟大复兴的生力军，肩负起国家和民族的希望。

**一、家风的内涵及特征**

（一）家风内涵

《辞海》中对家风的解释为："家风"即门风，是家庭或家族传统风尚或作风。通俗地讲，家风就是一个家庭、家族在代代相传过程中所形成的道德风尚，反映了一个家庭、家族的价值共识和精神面貌，是引导家庭成员如何成己达人的无形力量，更是维系家族兴旺发展的精神纽带。① 家风在意识形态上归属于道德文化的范畴，是一种能够反映良好家庭氛围的文化形态和促进家庭和睦团结的积极力量，不仅会对家庭成员尤其是青少年的行为养成和品德形成产生深层次影响，还会对一个民族、一个国家的精神追求、价值观念、伦理道德、教育水平等产生显著影响。中国素有"礼仪之邦"之称，自古以来就重视家风的塑造，至今仍流传着许多耳熟能详的古人关于家风的名言名句，如"修身、齐家、治国、平天下""藏精于晦则明，养神于静则安""父母之爱子，则为之计深远"等，在历经数千年之后，这些家风箴言主动适应历史发展潮流，与所处时代主流价值观念相融合，焕发出新的生机，继续推动社会的发展进步。

（二）家风特征

从某种程度上讲，家风具有一定历史属性，因为家风是一个家庭或家族在经过较长时间的历史沉淀后形成的精神内核，是一个家庭或家族的传统风尚，是传承和发展着的道德准则和处世方法，深刻影响着家族成员的气质和品格。作为一个家庭或家族价值观念和行为准则的集中体现，家风在长期的传承发展中，形成了一些独有的特征。

1. 传承性

家风是一个家庭或家族内部约定俗成的成员恪守性章程，一经形成，将会随着家庭或家族的延续世代传承下去，其蕴含的丰富人生哲理、价值观念、

---

① 奚明洋. 社会主义核心价值观语境下优良家风的重要性及培育路径研究 [J]. 开封教育学院学报，2016（10）.

行为规范等也会深刻影响着一代又一代的家庭或家族成员，这种影响应该说是思想层次的，家庭或家族成员定会在日常生活中将家风的精神要义通过不同方式传给下一代，以此往复，铸成了家风的历史传承，也正是由于家风的世代传承，才使其更具生命力，在一代又一代人中发扬光大。

2. 多样性

家风作为一种人文发展产物，是以独立家庭或家族为单位形成的道德风尚，每个家庭或家族不同的成员数量、成员性格、知识层次、经济水平等差异都会造成不同个性的家风，使每个家风都具有独一无二的气质，形成家风的多样性。从古至今，中国历代不乏家风门第的典范，也留下许多脍炙人口的经典著作，如《颜氏家训》《曾国藩家书》《傅雷家书》等，不同的家庭背景和人生阅历，也使得不同的著作有不同的特定内涵表达：《颜氏家训》在严肃的道德传承和尊长期待中，包含了浓郁、细致、深远的人文关怀；《曾国藩家书》既有治军为政之道，又有人生处世之谈；《傅雷家书》是一本苦心孤诣的教子书，更多的是谈论艺术与人生，培养后代一个艺术家应有的高尚情操。

3. 时代性

随着科学技术和经济的快速发展，社会正呈现出日新月异的变化，这种变化不只是发生在物质生活方面，也发生在人们的思想观念方面。家风的形成具有特定的时代背景，深受所处时代的经济发展水平影响，不同历史时期所形成的家风就是所处时代的人文、历史、政治、经济、教育状况的具体体现，也因此烙上了时代的印记。总之，无论是从时间维度还是空间维度来讲，家风都体现出了与之所处时代相适应的特质，只有如此，家风才能顺应时代发展潮流，焕发活力，更好地传承发展下去。

4. 约束性

孟子曰："不以规矩，不能成方圆。"在社会中，法律的存在，使得任一社会成员不得不时时刻刻注意自己的行为，正因如此，整个社会才得以井然有序，才能实现更好发展。家庭作为社会的基本"细胞"，是维系社会和谐发展的重要基础力量，也是提升公民素养的重要环节。因此，使家庭成员形成规矩意识尤为重要。家风是关于家庭成员文明修养、伦理道德、行为规范等要求的具体体现，其内容对家庭成员的言行举止做出具体限定，并对成员的价值观做出引导。家风作为先辈传承和发展下来的精神瑰宝，本身具有很强的威严性、约束性，要求每个成员必须遵守，否则，会受到长辈的批评或家法惩罚，使得家庭或家族成员自觉存有敬畏感。

**二、家风教育对高校学生管理工作的现实意义**

高校学生管理工作是维护学校正常教育教学秩序、保障学生合法权益、促进学生全面健康成长成才的关键，也是牢牢把握高校立德树人这一根本任务和增强思想政治工作有效性的重要举措。家风作为中华优秀传统文化的重要组成部分，蕴含着丰富的育人资源，尤其是其中所蕴含的思想观念、人文精神、道德规范等，都发挥着潜移默化的育人作用。把家风教育融入高校学生管理工作，将会实现中华优秀传统文化与思想政治教育的深度融合，切实增强高校学生管理工作的实效性，培养学生成为德才兼备、全面发展的人才。

（一）有利于创新高校学生管理工作模式

进入 21 世纪以来，随着我国社会主义市场经济体制的建立和不断完善，人才数量远远不能满足社会发展的需求，人才供需之间的失衡催促着高等教育快速进入"大众化"阶段，随之面临的是高校学生数量的急剧增长和学生问题的层出不穷，给高校学生管理工作带来巨大压力，也造成了部分高校学生管理重行为轻思想、重处罚轻教导、重全面轻个别的突出问题。随着时代的发展和社会的进步，大学生的价值取向、思想观念发生了巨大的变化，加之受到网络等因素的影响，原有的学生教育、管理理念和方法已无法达到预期的效果。[1] 作为一个家庭或者家族长期以来形成的传统风尚，家风中所蕴含的"孝悌之道、勤俭持家、勤奋好学"等观念，以及提高自身道德修养和树立高尚人格等要求，都符合思想政治教育目的——促进学生德智体美全面发展的教育理念。因此，将家风教育融合进高校学生管理工作，会使高校学生管理由"硬性管理"向"柔性管理"转变，更加突出"以人为本"理念，创新高校学生管理工作模式。

---

[1] 闫晓楠. 高校学生管理工作存在的问题及对策［J］. 教育探索，2011（10）.

## （二）有利于促进学生全面健康成长成才

近年来，随着经济全球化进程的加快和市场经济的快速发展，尤其是随着西方文化思潮的渗入，物欲横流、道德滑坡、诚信缺失、信仰危机等问题开始出现，并对人们的价值观念产生消极影响。其中，由于大学生正处于世界观、人生观、价值观的确立和形成阶段，再加上缺乏社会经验，辨别是非的能力不足，思想观念极易受到社会不良风气与错误言论的影响，不利于其全面健康成长成才。家风作为构成中华民族灿烂文明的重要组成部分，它对于民族品质的滋养、道德境界的提升、终极关怀的守望以及塑造和谐、稳定、向善的社会风气与强烈的文化和政治认同等都具有重要的作用。[1] 通过家风教育，可帮助大学生树立正确的世界观、人生观、价值观，进而实现优良家风精神内涵的内化于心、外化于行，在全校形成知荣辱、讲正气、促和谐的良好氛围，进一步引导大学生自我管理、自我约束、自我教育，促进学生全面健康成长成才。

## （三）有利于传承和弘扬中华优秀传统文化

文化是一个民族身份确证的标识，是该民族的"活动及其文明成果在历史长河中自觉或不自觉地积累或凝结的结果"[2]。家风作为中华传统文化瑰宝的重要组成部分，对家风的传承发展在一定程度上也极大地促进了中华传统文化的繁荣兴盛，尤其是家风中所蕴含的道德理念、教化思想，更使中华优秀传统文化变得丰富多彩。当前，我国正在建设社会主义文化强国，核心就是发展中国特色社会主义文化，尤其是注重传承和弘扬中华优秀传统文化。中共中央、国务院印发的《关于加强和改进新形势下高校思想政治工作的意见》指出，高校肩负着人才培养、科学研究、社会服务、文化传承创新、国际交流合作的重要使命，从国家战略角度明确了文化传承创新是现代大学的历史使命。大学生作为接受高等教育的知识分子，既是知识的接受者也是知识的传播者，高校对大学生进行家风教育，有助于加强大学生对传统文化的认同，进而有利于传承和弘扬中华优秀传统文化。

---

[1] 徐俊. 当代优秀家风的时代内涵与培育路径［J］. 学习论坛, 2015（9）.
[2] 衣俊卿. 文化哲学十五讲［M］. 北京：北京大学出版社, 2004：19.

### 三、家风教育融入高校学生管理工作的路径分析

随着信息技术的飞速发展,大学生的学习生活环境发生了巨大变化,大学生的心理状态、交流能力、思考能力以及对新事物的接受能力也发生了改变。家风教育融入高校学生管理工作是一项系统性工程,必须综合考虑目前高校学生实际和学生管理工作现状,全方位、多角度寻找路径进行融合,切实发挥两者的合力效用,真正履行好新形势下高校学生管理工作服务育人的重要使命。

(一)以学生公寓为切入点,营造寝室家风教育良好氛围

高校学生公寓作为高校学生的"第一社会""第二家庭"和"第三课堂",对学生成长成才具有不容忽视的作用。[1] 同时,学生公寓也是学生管理工作的重要阵地,加强学生公寓文化建设,营造学生公寓良好育人氛围,对做好高校学生管理工作具有积极作用。将学生公寓作为家风教育融入高校学生管理工作的切入点,重点在于采取有效方式在学生公寓内营造浓厚的家风文化氛围,让公寓不仅是学生居住的场所,还要成为文化空间,让学生在其中潜移默化地感受家风文化的熏陶。其中,最为重要的是加强学生公寓家风文化建设。要重视发挥学生主体作用,通过PPT大赛、摄影比赛、征文比赛等形式举办学生公寓家风文化节活动,引导学生积极挖掘和展现各自家庭的优良家风,并通过微信、微博、网站以及宣传栏等载体进行宣传,共同营造良好的公寓家风文化氛围,并对表现突出的学生公寓和个人进行表扬。

(二)以思想政治理论课为立足点,推进家风教育进课堂

新时代高校思想政治理论课承担着对大学生进行系统的马克思主义理论教育的任务,同时也是助力大学生成长成才的科学思想基础,能够积极引导大学生树立正确的世界观、人生观、价值观。中华优秀家风所蕴含的价值观念、道德准则与社会主流价值理念是一脉相承的,其精神要义与高校思想政治理论课教学内容是相一致的。因此,以思想政治理论课为立足点,推进家

---

[1] 王太芹.高校学生公寓文化建设的历史梳理及当下发展——以北京大学为样本[J].中国政法大学学报,2018(2).

风教育进课堂，既是促进学生全面成长成才的客观要求，也是增强高校学生管理工作实效性的重要途径。一是创新课堂教学形式和内容。任课教师可以根据课程安排把一些优秀传统家风融入到课堂教学中去，经常列举一些良好家风的教学案例来教育学生。另外，可以选择一些能够反映良好家风的影视作品在课堂上播放。除此之外，可以定期邀请一些名人世家或家风文化研究专家走进课堂与同学进行交流分享。二是整理编写家风文化教材。组织骨干教师整理编写以优秀家风为内容的教材作为思想政治理论课的校本教材，内容收集面向全体师生，争取做到内涵丰富又富有特色。

（三）以校园文化为主攻点，提高家风教育活动实施成效

大学校园既是学生在校期间学习生活的重要场所，也是学生思想道德教育和文明素质养成教育的主要阵地，营造良好的校园文化环境对促进学生全面健康成长成才具有重要意义。丰富多彩的校园活动是高校思想政治教育的"第二课堂"，是高校学生管理工作的主阵地，高校应当重视发挥校园活动的积极作用，努力将优秀家风融入到学生管理工作中去，在校园中营造良好的家风文化氛围。一是充分利用学校微信、微博、网站、广播台、宣传栏等宣传阵地积极策划家风文化主题栏目，在全校范围内营造良好的家风文化氛围，达到以好家风带动好校风，以好校风影响好学风的目的。二是开展以"晒晒我的好家风"为主题的征文、演讲、摄影、辩论比赛等校园活动，积极发动广大同学挖掘和分享各自的好家风，并通过学校的宣传媒介进行宣传，营造浓郁的家风文化氛围。三是要开展社会实践教育活动。习近平总书记强调，"一种价值观要真正发挥作用，必须融入社会生活，让人们在实践中感知它、领悟它。"[1] 组织学生到家风文化主题博物馆参观学习，或者组织学生开展各种志愿服务活动，让学生在参与社会实践中感受家风正能量的熏陶。

（四）以网络平台为创新点，提升家风教育辐射带动效果

做好高校学生管理工作，要因事而化、因时而进、因势而新。随着网络技术的快速发展，教育网络化已成为未来教育改革发展趋势，而且网络教育

---

[1] 习近平. 把培育和弘扬社会主义核心价值观作为凝魂聚气强基固本的基础工程［N］. 人民日报，2014-02-26（1）.

凭借其高时效性、资源共享性、平等性以及交互性等优点，可以快速实现教育资源共享，已成为高校学生管理工作的一种重要手段。同时，网络技术的发展，也催生了社交新媒介的应用普及，微信、微博、QQ等社交APP已成为大学生日常学习生活中必不可少的工具。因此，要推进家风教育融入高校学生管理工作，就必须利用网络这一平台。具体途径有：建设家风文化主题网站和微信公众号，内容编排主要以展示一些优良家风为主，如《颜氏家训》《曾国藩家书》《傅雷家书》等；宣传老一辈革命家的家风思想，如毛泽东、周恩来、朱德、陈云、习仲勋等同志的家风；实践习近平总书记最新提出和强调的家风建设思想；等等。同时，要注意广泛宣传，引导广大同学积极关注主题网站和微信公众号。

（五）以家校协同为突破点，增强家风教育全方位育人实效

家庭是家风形成、发展与传承的根基，推进家风教育融入高校学生管理工作，必须构建家庭与高校的良性互动机制，进一步增强家风教育全方位育人实效。一是构建家校沟通机制。学生管理工作实质是学校、家长、学生相互协同的思想道德教育体系，通过促使学校、家长与学生成为教育共同体，最终形成教育合力。学校可以利用微信、QQ等社交软件建立家校交流群，学生工作人员可以通过交流群分享学校在学生管理方面的工作情况和学生在校表现，家长也可以通过交流群与学生工作人员交流学生在家的学习生活情况及自己的教育心得。二是开设"家风大讲堂"。为了加强学校与家长的交流沟通，搭建家长和学校学习交流、研讨、互动的平台，学校可以定期邀请学生家长到校与师生共同分享自己家庭的家风家教，进一步形成家风教育良好氛围。三是家长要以身作则。家庭是学生最基本的生活和教育单位，家长的一言一行、一举一动，都会引起学生的模仿。因此，父母要以身作则，身体力行地践行好家风，时时处处为孩子树立好的榜样。

（六）以师德建设为关键点，发挥优良家风示范引领作用

教师，既是学生的引路人，也是学生的良师益友。教师的价值观念、言行举止对即将步入社会的大学生有着重要影响，同时教师的道德风尚也对全社会发挥着积极的引领作用。因此，实现家风教育融入高校学生管理工作，必须以师德建设为关键点，发挥优良家风示范引领作用。首先，加强教师职

业道德和教育行风建设，进一步帮助教师树立正确的职业理想、提高职业道德水平、规范教书育人行为；加强学风建设，全面提高教师的法纪意识、道德意识和责任意识，教育广大教师争做"四有"好教师。在师德教育活动中，要注重对教师家风教育的开展，通过开展家风文化沙龙漫谈、师德规范与家风教育主题研讨等，深化对师德与家风联系的理解，传承和弘扬优良家风。其次，加大师德宣传报道力度，挖掘师德先进典型，讲好师德故事，弘扬师德楷模，以生动的人物故事诠释新时代的师德内涵。充分运用各种校园媒体，创新宣传手段及方式，努力营造以德立身、立德树人的舆论氛围，形成强大正能量。①

（发表于《南阳理工学院学报》，2019年第3期）

---

① 邸燕茹．新时代高校师德建设研究［J］．思想理论教育导刊，2018（4）．

# 04

## 特色经验

# 山东管理学院思政课教学改革：
# 新时代坚定青年学生政治信仰的新探索

徐 健

山东管理学院思政课教学始终把坚定青年学生政治信仰作为第一要务。在推进思政课教学改革中，坚持把教材的主体内容用一个严谨的学术框架进一步系统化，在此基础上对主流意识形态创造性地、科学地加以解释，让青年学生更好地理解党和国家路线、方针、政策，坚定"四个自信"，把笃信与坚持建立在理性认知基础上。

山东管理学院思政课教学改革遵循高校思政课教师座谈会上提出的"八个统一"原则，坚持把理说透讲清，将青年学生对党和国家的政治认同建立在理性认知的基础之上。特别是在"毛泽东思想和中国特色社会主义理论体系概论"课（简称"概论课"）教学中，用国家治理视角，贯彻国家治理现代化的要求，在不断教学改革中"坚持政治性和学理性相统一"，探索和实践将习近平新时代中国特色社会主义思想武装进头脑的新方式和路径。

## 一、以透彻的学理分析让课堂成为思想阵地

受各种条件约束，思政课教学经常会成为"说教"，影响教学效果。山东管理学院充分发挥思政课教师主导作用，对教材进行合理解读和技术改造，努力完成由教材体系向教学体系的转化，传播系统科学的知识，让学生信服。思政课教师在坚持让学生懂得基本原理的基础上，把思政课程变得更理性和更容易理解，而不是仅仅做文件解读与故事集合。在概论课教学中，主动用"国家治理"为核心构建课程的逻辑体系。新中国成立是对旧中国治理失败的

最好解决方案，也为中国共产党人治理好国家奠定基础。毛泽东思想是中国共产党人在救亡图存探索中诞生的指引中国革命成功的正确思想；"中国特色社会主义理论体系"是中国共产党建立新中国以后治国理政实践的理论升华和总结。"国家治理"始终是毛泽东和中国共产党人思考与关注的核心命题。"治理好国家"能够前后贯通整个毛泽东思想和中国特色社会主义理论体系。习近平新时代中国特色社会主义思想更是中国共产党实现国家治理现代化的理论升华和实践总结。用国家治理视角构建的逻辑体系，能够让学生信服，课堂是有生气活力的立德树人主阵地。

**二、以彻底的思想理论让学生掌握有效知识**

山东管理学院概论课教学以国家治理为视角建立逻辑框架，再从总论、纵向和横向三个层面设计概论课的教学专题，把概论课的内容整合在国家治理体系之内，让学生掌握有效知识。在总论中，明确马克思主义中国化的两大理论成果始终贯穿"治理好中国"这一主题，中华民族伟大复兴是建立在国家治理现代化基础上的。从纵向按照历史和逻辑相统一原则，以历史为顺序，从国家治理角度解释近现代中国历史演进，从与时俱进中解读中国共产党的理论创新。"我们中国共产党人干革命、搞建设、抓改革，从来都是为了解决中国的现实问题。可以说，改革是由'问题倒逼'而产生，又在不断解决问题中得以深化。"邓小平理论首要解决的国家治理难题是"思想路线"问题，"什么是社会主义、怎样建设社会主义"看起来是一个思想问题，但实际是中国共产党选择治国理政实际行动的价值判断标准，这是制约当时中国进行社会主义建设的根本问题；"三个代表"重要思想是面对苏联与东欧剧变，如何巩固党的执政地位，解决国家治理的主体执政党怎样保持党的先进性问题；"科学发展观"是在解决粗放型发展方式暴露出的越来越多的问题，提出社会主义建设中实现"持续发展""和谐发展"。进入新时代，党中央科学地回答了当代中国治国理政一系列重大问题，凝结升华为中国特色社会主义理论体系的新成果。从横向角度，以习近平新时代中国特色社会主义思想为指导，应对更加复杂的国内外局势，围绕内政外交国防、改革发展稳定、治党治国治军，做好经济、政治、文化、社会和生态文明建设，解决建设中的难题，实现中国梦。山东管理学院概论课堂上呈现出来的是中国共产党如何治理中国，在讲授中国共产党解决问题、实现梦想中让学生掌握有效知识。

**三、用真理的强大力量让学生坚定四个自信**

山东管理学院以国家治理为视角对概论课教学进行改革，学生在学习中能够理性地认识到：国家治理现代化能够充分发挥社会主义优越性，坚定大学生道路自信；国家治理现代化理论系统完整、逻辑严密、相互贯通，涵盖改革发展稳定、内政外交国防、治党治国治军等各个领域，是我们的行动指南，坚定理论自信；国家治理体系现代化核心就是建立更加成熟更加定型的社会主义制度，坚定制度自信；国家治理现代化理论能够解释历史、指导现实、启示未来，坚定文化自信。中国共产党人在国家治理实践中，正确地回答了在不同时代怎样建设社会主义、怎样建设党、怎样实现更好发展的问题。"中国特色社会主义伟大实践"是"既坚持以经济建设为主，又全面推进经济建设、政治建设、文化建设、社会建设、生态文明建设以及其他各方面建设；既坚持四项基本原则，又坚持改革开放；既不断解放和发展生产力，又逐步实现全体人民共同富裕、促进人的全面发展"。中国特色社会主义在实践中成功，体现在我们能够把各方面的制度优势有效地转化为管理国家的效能，具体来说，体现在国家治理能力实现国家的目标上。改革开放40多年来的实践，证明了中国特色社会主义理论体系能够充分发挥中国共产党治国理政的能力，能够在其指引下实现我们的既定目标。

山东管理学院思政课教学在实施编号为 Z2018S026 的山东省本科教改省财政经费资助重点项目"以国家治理为核心'毛泽东思想和中国特色社会主义理论体系概论'教学改革研究"中取得了积极成效，在拓宽中国特色社会主义理论研究的视野中把毛泽东思想和中国特色社会主义理论体系进行了严谨的逻辑分析并设计出相应教学方案，在课堂上传授更加有效的知识，以透彻的学理分析不断增强青年学生的"四个自信"，坚定中国特色社会主义理想信念。

（发表于《中国教育报》，2019年9月12日）

# 新建本科高校校园文化建设路径探析
## ——基于特色专业建设视角
### 齐 敏

特色专业建设作为校园文化建设的重要依托,是新建本科高校凸显校园文化特色的重要突破口,对实现特色发展、文化育人具有重要意义。

### 一、专业建设与校园文化建设的关系

专业建设与校园文化建设都是高校人才培养工作的重要内容,二者相互联系,相互作用。

（一）专业建设是校园文化建设的重要载体

专业是高校人才培养的基本教学组织形式,承担着人才培养的直接性、基础性功能。一所高校的专业建设水平直接决定其人才培养的质量,并影响着校风学风的养成,教学、科研、学科建设、校园文化建设等无一不与专业建设紧密相连。以学科建设、专业设置、人才培养等为核心的高校办学实践是校园文化形成和发展的载体和源泉,校园文化则以其特有的精神、物质、行为和制度形式反映并作用于专业建设和人才培养。只有将文化育人与专业育人相结合,高校人才培养才能实现知识传授与品格塑造的高度统一。

（二）专业文化是校园文化的重要内容

专业文化是高校在长期专业建设中形成的具有鲜明特色的组织文化,是专业特色和专业价值的集中体现。成熟的专业文化具有强大的凝聚和教育功能,专业文化不仅是专业办学实践的具体反映,也是高校办学理念、历史传统、发展特色的重要体现,其核心是专业精神文化。从体系上来讲,专业文

化是校园文化的子系统，其成熟和发展对丰富校园文化内涵具有重要意义。

（三）特色专业对校园文化建设具有重要影响

特色专业是指高校在独特的办学思想指导下，经过长期的办学实践，在教育目标、师资队伍、课程体系、教学条件和人才培养等方面，逐步形成的具有较高的办学水平、鲜明的办学特色、较好的办学效益和社会影响的专业，是学校办学定位、办学传统和办学特色的集中体现。个性鲜明的专业文化对大学精神、校训品格等高校核心价值观和特色校园文化的形成具有重要影响，并且往往会成为校园文化的核心内容。

## 二、新建本科高校以特色专业建设推动校园文化建设的路径选择

新建本科高校要充分发挥特色专业在校园文化建设中的重要作用，既要紧跟国家政策导向，积极建设符合经济社会发展需要的特色、优势或重点专业，也要注重专业文化的建设，通过凝练专业精神、建设物质文化、活跃行为文化、健全制度文化，逐步丰富校园文化内涵，提升校园文化品位。

（一）优化专业结构，突出专业发展特色

新建本科高校专业建设能更快地适应经济社会发展新形势，灵活调整专业结构，凸显发展特色。一方面，要在做强传统特色专业上下功夫。许多新建本科高校虽然举办本科教育起步较晚，但大多都脱胎于专门服务某一行业或领域、有着特殊教育功能的成人或专科院校，如中国劳动关系学院前身是中国工运学院，其在劳动关系、工会工作领域具有独特发展优势；山西能源学院前身是山西煤炭管理干部学院，其以煤炭、电力、新能源类专业为主体；等等。这种鲜明的专业特色，为新建本科高校打造特色、优势专业（群）提供了得天独厚的优势。这些传统特色专业一旦做强，浓厚的专业文化氛围必然会成为整个校园文化的基础和底色。另一方面，在打造应用型精品专业上下功夫。新建本科高校要适应国家和地方创新发展战略需求，紧密对接产业链和创新链，努力培育建设一批与地方支柱产业发展方向一致的精品专业（群），促进学校特色专业发展与地方经济社会发展互动提升局面的形成。以山东为例，2018年国务院1号函批复了《关于山东新旧动能转换综合试验区建设的总体方案》，方案将聚焦新一代信息技术、高端装备等五大新兴产业和

高端化工、现代高效农业等五大优势产业（简称"5+5"十强产业），释放新旧动能转换发展活力。许多高校以此为契机，结合自身发展实际，紧密对接十强产业，对现有专业布局进行优化调整，积极实施特色专业（群）建设工程。

（二）加强特色专业的精神文化建设

专业文化是专业建设的灵魂，新建本科高校必须提高专业文化建设的主动性，紧紧围绕"应用型"特色，加强专业文化建设。一方面，要加强专业文化建设的顶层设计。优秀的专业文化不但是整合所有专业软硬件资源，充分发挥其发展合力，提升专业建设水平的根本，而且是专业建设目标、任务、方向与学校办学理念、校训精神和校园文化内涵相互渗透、相互影响的黏合剂。因此，新建本科高校应从学校整体和长远发展的角度设计专业文化建设方向，将办学理念和专业特色相结合，凝练提出特色鲜明的专业精神，从而进一步彰显学校精神和校园文化的独特性。另一方面，将先进企业文化引入专业文化建设。深化产教融合、开展校企合作是应用型本科高校专业人才培养的主要方向。要培养能够满足经济社会发展需要的高水平应用型人才，高校必须了解行业、企业发展对应用型人才素质和能力的要求，与企业紧密对接，共同制定专业人才培养方案，共同打造专业课程体系，共建专业实习实训基地。同时，还要将优秀的企业精神、劳动精神、劳模精神、工匠精神融入专业文化建设当中，促进大学生优秀专业素养和职业精神的形成。

（三）加强特色专业的物质文化建设

专业物质文化是其精神文化的实物形态的体现，以具体的可触知的物质实体来感染和影响主体的思想和行为，具有强烈的渗透和熏陶作用。新建本科高校加强特色专业的物质文化建设，一方面，要强化专业实验室、实践教学基地、办公场所、学生活动场所等教学软硬件设施的建设。尤其是向应用型转型的本科高校，建设现代化的实验（实训）室和创新实践基地，是提升大学生创新、创业和社会实践能力，培养高素质应用型人才的首要必备条件，要以优越的教学科研环境和完备的实验（实训）条件，激发师生的专业教学、研究和学习热情。新建本科高校相对薄弱的实验（实训）条件是制约其专业水平提升和向应用型本科高校转型发展的重要因素。立足学校办学定位、发展方向、专业设置等，科学规划、统筹考虑，从资金、人才等方面加大实验（实训）室软硬件设备的投入力度，是新建本科高校凸显专业建设特色，夯实专业建设基础的重要保障。另一方面，要打造系列体现专业办学特色、蕴含学校核心办学理念的实物、雕塑或人文景观，特别是那些在专业历史发展过程中做出开辟性、重大贡献的历史人物或者他们的名言警句，要以实物形式展现在校园，让师生在校园的每个角落都能感受到专业文化的存在，从而不断强化对专业学习的理解和对学校精神的认同。

（四）开展丰富多彩的特色专业文化活动

一方面，要以学生为主体，充分发挥学生会和学生社团的作用，结合专业特色，积极开展热点研讨、读书分享、文化沙龙、社团交流等专业文化活动；邀请行业、企业创新创业楷模、全国劳模等面向学生开展名家讲座，在政策和资金上支持学生积极参加各级各类创新创业和学科竞赛活动，以此开阔视野、提升素养，营造浓厚的专业文化氛围，进而带动校风学风建设。另一方面，要以教师为主体，充分发挥科研创新平台、科研团队作用，积极开展学术沙龙、专业研讨、交流等活动，邀请专业领域知名专家开展学术交流与研讨，弘扬学术精神、培养学术能力、鼓励学术创新，营造浓厚的学术文化氛围，提升校园文化的品位和内涵。

（五）加强现代大学制度建设

健全的规章制度是大学校园特色文化成功构建的重要保障。随着高等教育综合改革的全面深入，包括新建本科高校在内的各大高校都纷纷出台了大学章程。大学章程作为学校的小宪法，是高校办学理念、办学宗旨的集中体现，规定着学校的发展方向、办学定位、办学体制、办学层次、发展特色，也规定着校园文化特色的发展方向。新建本科高校要依据大学章程，适应综合改革和转型发展的要求，推动现代大学制度建设，强化特色内涵建设和规范化建设，通过模式、制度、组织创新来丰富专业文化感知，促进师生员工价值观念和行为方式的转变，引导、规范全校师生员工的行为，推动优良校风学风的形成，使校园文化建设成为科学管理的重要目标、教学科研的重要内容，让学校的办学理念、发展特色成为广大教职员工自觉接受的价值共识。

# "微时代"下大学生思想政治教育载体创新研究[①]

赵纪娜

2016年12月7日,习近平总书记出席全国高校思想政治工作会议,并发表了重要讲话。讲话深刻地回答了"高校培养什么样的人、如何培养人以及为谁培养人"这一根本问题,为高校教育工作者做出了指导,成为做好新形势下高校思想政治教育工作的纲领性文献。就在当天,习近平总书记首次点评了95后大学生这一群体:现在高校学生大多是95后,再过两年,新世纪出生的青少年也将走进高校校园。他们朝气蓬勃、好学上进、视野宽广、开放自信,是可爱、可信、可为的一代。当代大学生这一群体思想较活跃、行动性强,很容易受到周围环境的影响。新媒体为做好当下大学生思想政治教育提供了一个良好的载体和阵地,大学生对新兴媒体也表现出了较强的接收能力。所以,在这种环境之下,不断加强和创新大学生思想政治教育平台建设尤为重要。

## 一、"微时代"环境及其传播特征

"微时代"伴随着移动互联网技术的迅速发展,以及智能手机的大力普及和使用而产生,出现了诸如微博、微信、微电影、微视频等一系列"微"型传播平台。最早开始的微博,就是典型的传播媒介代表,它以140个字短小

---

① 基金项目:本文是2017年山东高校人文社会科学研究计划(思想政治教育专题研究)《微时代下大学生思想政治教育载体创新研究——以山东高校为例》(项目编号:J17ZC58)阶段性研究成果。

精悍的传播特征、超快的传播速度，开启了"微时代"移动新媒体的互联网"微革命"，其主要代表有Twitter、新浪微博等。随着4G技术的推广普及、智能手机的广泛使用，微信已成为人们日常生活中不可或缺的社交工具。当下，国家也已经将5G技术提上了日程。国务院总理李克强在2019年政府工作报告中也强调要高起点、高质量规划建设以5G为重点的未来新网络。

"微时代"环境下的传播特征主要有：

1. 碎片化的信息。正如《三联生活周刊》提出的"生活在碎片时代，不能像碎片一样生活"。当下这个处处充满了竞争和快节奏的社会，人们很少会有大量空余时间和精力仔仔细细地阅读、欣赏，尤其对长篇大论和大幅作品进行深入解读，更是望洋兴叹。取而代之的是在时时处处那些碎片化的时间，去快速浏览和发布信息。基于这一需求，微博的140个字符限制、微信的60秒语音上限以及各种各样的微阅读、微视频、微广播……适应和满足了人们对快餐信息的需要，成为"微时代"下信息传播的重要特征之一。

2. 及时性的传播。传播的加速得益于发布和接收工具的便捷、通信网络的畅通。随着4G通信科技的发展和电脑网络的提速，信息传播速度较以前有了极大提升。信息的发布、接收终端也由之前的电脑，扩展到平板电脑、智能手机、手表等携带便捷的通信工具。另外，"微时代"下诞生的各种APP软件，例如，新浪微博、腾讯QQ、微信、抖音等，方便了人们对信息的接收和发布。这些条件的同时具备打破了之前时间和空间上的制约，使得信息能得到及时更新，有效利用，加快了传播速度。

3. 互动性的沟通。与传统的报纸、广播、电视等不同，"微时代"下传播者与接收者之间的互动交流更加便捷。在微媒体上，随着个人或者公共事件被无限转载或分享，信息以几何状裂变形式快速传播，使人们在很短时间内就参与其中，有时甚至会影响到事件的发展。机遇与挑战并存，正是在这种畅通无阻的传播环境下，处于年少冲动的青少年，更加需要有效的教育引导。

## 二、"微时代"下创新大学生思想政治教育载体的意义

思想政治教育作为一个科学的、开放的体系，应该具有生机和活力。而

思想政治教育载体是承载这一活动的有效途径,它是一种客观存在,从思政课程教学、开展相关活动,到大众媒体载体、自媒体信息传播载体等,都可以作为思想政治教育开展的方式。

从传统意义上看,高校主要通过思政课和马克思主义理论课开展课堂教学来实现大学生思想政治教育,这也是其基本载体之一。随着社会的进步和信息技术的发展,大学生的信息接收方式也有了变化。越来越多的大学生关注并使用一些大众传播方式,尤其是随着网络提升和智能手机的普及,新兴媒体这一传播载体已成为教育载体的重要组成部分。

"微时代"下的传播方式呈现出多样化的特点,以微博、微信、微视频等为代表的传播载体,已经深刻地影响到大学生的思想、学习和生活,进而影响到他们的思维方式和人格品性。从对山东管理学院在校大学生随机进行的调查问卷中发现:每天有2小时以上的时间使用微媒体的人数占总人数的80.13%,1小时的占10%,由此说明当下大学生对媒体越来越依赖。与此同时,由于"微时代"下信息发布缺乏有效的审核,出现了良莠不齐现象,很多大学生在接收信息的同时,缺少理智的判断和深入的思考,这就容易导致大学生在形成正确价值观的时候受到一定干扰。

### 三、"微时代"下创新高校思想政治教育路径

信息时代影响着我们生活的各个方面,也开启了大学生思想政治教育的全新格局。在这一背景下,高校必须及时调整思政教育的方式,适应时代发展和学生的变化,充分发挥"微时代"带来的便捷,以实现大学生思想政治教育的有效性。主要途径有:

1. 内容上充分利用热点新闻

在这个信息化时代,新闻无处不在。自媒体平台凭借其自身得天独厚的优势,在快速传播信息方面占领了大学生这一群体。他们借助"微时代"下的众多微平台及时地了解时事新闻,积极参与到社会热点话题的讨论。在这一过程中,大学生们也迫切需要一个相互交流、提升自我的平台,从平台中不但能得到思想上的引领,更能够增强社会意识,实现自我的健康成长。思想政治教育工作者应充分甄选社会热点话题,利用思政平台使大学生展开讨

论，在互动交流中加以引导教育。

2. 形式上有效使用微平台

微平台作为大学生学习交流的重要方式之一，可以将有益的信息汇集在一起，发挥其接收便捷、影响面大的优势。诸如常用的微信、QQ、抖音等社交平台，以及大学生思想政治教育平台（高校思政网、思政学者、思政热点、壹学者思政研究、思政小屋等微信公众号）、各大高校自己的思政教育平台（山东财大思政、山传思政、山东经贸职业学院思政课等微信公众号），这些微平台的建立，丰富了高校思政课的课程形式，深化了教学内容，构建出了线上线下师生互动交流模式，增强了思政课的有效性和针对性。

3. 注重提升师生媒介素养

媒介素养教育是现代社会大学生一项重要基本素养习惯，它立足社会发展，帮助社会公众和大学生理智客观地认识媒介、探索媒介、反思媒介，最终以一种独立的态度应对媒介。从学校方面而言，学校可以设置媒介素养教育课程，把它作为学生通识课或选修课的一部分。为保证课程开设的效果，学校要保证专业教师进行教授。从教师方面来看，应该运用多种教学手段和教学方法，使学生能正确鉴别媒体信息，学会独立思考，并能正确使用微媒介平台，进一步提升自己，这些都是媒介素养教育的目标。"微时代"环境下，思政教师和学生都应该具有良好的媒介素养，学会在炽热的社会舆论中保持一颗清醒的头脑，不盲从、不偏激，尊重事实本身，做一名公正客观的新闻聆听者。

基于网络的"微时代"传播环境，改变了以往的媒体传播模式，同时也对高校思想政治教育产生了深刻影响。网络是一把"双刃剑"，如何有效地利用网络创新教育方法，值得每位高校思政教育工作者不断研究探索。

（发表于《传播力研究》，2019年第4期）

# 凝心聚力　成风化人　舆论宣传为育人赋能

祝　瑞

高校舆论宣传工作承载着为党育人、为国育才的重要功能，既是展示高等教育改革发展成就的重要窗口，也是加强大学生思想政治教育的重要阵地。山东管理学院（以下简称"山管"）在舆论宣传工作服务育人的探索实践中，坚持正确的政治方向，贯彻党的教育方针，以服务育人为中心，以构建舆论宣传格局、拓宽舆论宣传载体、提升舆论宣传效能为目标，坚定不移落实党管媒体、党管宣传原则，弘扬主流价值，强化思想引领，讲述山管好故事，传播山管好声音，凝心聚力、成风化人，为推进学校落实立德树人根本任务、培育担当民族复兴大任的时代新人营造良好的舆论氛围。

## 一、坚持正确导向，构建舆论宣传格局

以构建完善的舆论宣传格局为根本，建立健全各项规章制度，完善齐抓共管、协同联动的工作机制，建设高素质的工作队伍，以整体合力构建大宣传、大新闻、大舆论，形成广泛的、全覆盖的、强有力的舆论宣传新格局。

1. 建章立制，提供坚实保障。"不以规矩，无以成方圆。"为使舆论宣传工作有章可循、有据可依，先后出台了新闻信息发布、对外宣传报道、舆论阵地建设、舆情应对处置等方面规章制度，为舆论宣传工作的规范化、制度化提供了有力的制度保障。信息采集、审核、发布、更新、责任追究等机制逐渐规范，信息发布的全面性、准确性、及时性和安全性得到保障。建立校园媒体定期巡检工作制度，采用人工检查和技术监测相结合的方式，对全校网站和新媒体进行系统检查、系统梳理，并及时反馈结果、督促整改，不断

提升学校舆论宣传工作水平。

2. 完善机制，加强协同联动。成立宣传思想与意识形态工作领导小组，推动舆论宣传工作与其他工作同部署、同实施、同考核，融入育人各个环节中，并在财力、物力、人力方面给予相应支持。宣传部在校党委领导下，统筹、协调、指导全校的舆论宣传工作，教师工作部、学生工作部、教务处、科研处、招生就业处、团委等主要职能部门和各教学院部支持参与、协同推进。构建以官方媒体为主、自媒体为辅、上下协调一致的协作育人运行模式，掌握官方媒体在联动育人工作的领导权，引导师生自媒体树立正确的舆论导向。开展新闻宣传工作先进评选工作，调动学校全员参与联动育人的积极性，激发各部门单位舆论宣传工作动力，完善校园新媒体联盟单位评优机制，定期对校内新媒体建设情况进行检查、评价和排名，进一步加强和改进全校舆论宣传工作。

3. 整合力量，壮大宣传队伍。加强党组织对舆论宣传工作的指导，各党总支及各部门单位指定专人负责舆论宣传工作，遴选思想品德好、媒介素养高、专业技能精的教职工和学生，组建成一支由通讯员、网络评论员、舆情信息员构成的高素质舆论宣传工作队伍，实现校、院、学生会、班级四级分层管理矩阵，共同组织成广泛的、全覆盖的、强有力的舆论宣传工作网络体系。加强素质能力建设，有针对性地开展线上线下教育培训活动，培育宣传育人、网络育人意识，提高政治敏锐性和新闻敏感性，增强脚力、眼力、脑力、笔力，当好学校事业发展的记录者、传播者、推动者，推动舆论宣传工作队伍做到守土有责、守土负责、守土尽责。

### 二、坚持守正创新，拓宽舆论宣传载体

以丰富的载体平台为途径，推动媒体融合，加强协同合作，聚焦育人工作的重点亮点，推进网上网下形成同心圆，实现校园新媒体有效联动、聚合传播，营造良好的社会舆论氛围，助推学校育人工作高质量发展。

1. 推动融合，实现聚合传播。面对微时代给高校舆论宣传工作带来的新要求和新挑战，高校要立足青年大学生接收信息方式的转变，把握网络信息传播的新特点和新规律，用好微手段，做好微传播，不断探索媒体融合发展

路径，牢牢把握住舆论宣传工作的主动权和话语权。全面整合学校官方网站、微信公众号、微博、抖音、教育号等各类平台资源优势，实现校园各新媒体平台的有效联动、聚合传播，使整个新媒体矩阵的功能、手段、价值得到全面提升，形成全面、立体、多维的网络育人阵地群。依托山东教育融媒体建设重点培育平台，学校将在学校新媒体中心的基础上成立融媒体中心，打造集策划、采编、审核、分发、评估、反馈等功能于一体的全流程内容生产宣传及舆情监测平台，持续创新网络育人方法，充分发挥网络育人功能。

2. 加强合作，形成共振效应。将宣传部"单兵作战"方式升级为各部门单位新媒体"集团作战"模式，以"合作·共建·共享"为基本理念，推动成立校园新媒体联盟，加强校内各官方新媒体平台之间的交流互动，实现校园新媒体有效联动、聚合传播，更好地发挥新媒体的育人作用。坚持"凝聚青年、服务青年、引领青年"的宗旨，招生就业处、后勤管理处、安全保卫处等职能部门新媒体围绕学生关心关切，提供信息服务，为在校学习生活排忧解难；学团新媒体注重贴近青年、服务青年，坚持反映呼声、回应诉求、维护权益、服务成长；各学院新媒体注重发挥专业优势，立足学院，上传下达，满足学生学业信息需求。在重大时间节点，宣传部牵头组织、各联盟单位积极配合，围绕特定主题进行合力宣传。疫情防控期间校园封闭管理，各媒体平台围绕疫情防控暖心举措、供给保障、安全防护、校园生活等，宣传经验做法，报道典型事迹，活跃校园氛围，起到了服务疫情防控、稳定校园舆论的积极作用。每年举行校园新媒体联盟大会，评选表彰最佳校园媒体、最具活力校园媒体、最具传播力校园媒体、最具特色校园媒体及优秀新媒体创作者，更好地激发新媒体联盟的活力和创造力，激励各平台树立校园文化的"风向标"、当好传播山管的"扩音器"。

3. 聚焦重点，加大外宣力度。对外宣传是舆论宣传工作的重要内容，围绕讲好山管故事、提升山管形象、传播山管声音的目标，积极对接主流社会媒体，加强宣传频次，提升宣传效果。坚持以学生为中心，聚焦党建思政、教学科研、人才培养、文化建设、交流合作、服务保障等育人工作重点，加强新闻策划，发掘新闻线索，以日常性消息报道展示发展动态，以深度专题报道凸显成绩亮点，全方位、多层次、宽领域地开展对外宣传，营造良好的社会舆论氛围，助推学校育人工作高质量发展。与新闻媒体、专业机构建立良好的工作联系，不断拓宽对外宣传报道的渠道，"请进来、走出去"，注重和媒体记者交朋友，积极向媒体报送新闻选题。本校2021年在光明日报、中国教育报、学习强国、新华网、大众日报、山东教育电视台、大众网、中国教育在线、山东省教育厅官网等中央、省级媒体发布新闻报道近百条，充分展示了学校的良好风貌，学校的美誉度和社会影响力不断提升。

**三、坚持内容为王，提升舆论宣传效能**

以内容建设为根本，强化思想引领，强化质量意识，加强大学生自主教育，不断提升舆论宣传效能，打造具有影响力、凝聚力和引领力的马克思主义意识形态宣传阵地。

1. 强化思想引领，提升价值内涵。紧紧围绕"立德树人"根本任务，旗帜鲜明，坚持正确的政治方向、舆论导向和价值取向，坚持将思想价值引领贯穿始终。强有力地宣传习近平新时代中国特色社会主义思想，积极培育和践行社会主义核心价值观，用中华优秀传统文化、红色革命文化和社会主义先进文化充实校园主流舆论阵地，努力做到学生在哪里，思想政治工作就做到哪里，牢牢占据舆论引导、思想引领、文化传承的制高点，抢先一步将优秀的人生观、世界观、价值观"种子"植入学生心中。结合重大主题、时事热点和校园热点，敢于发声、主动发声，引导学生对热议的观点类问题做出正确的、有信服力的判断，唱响校园主旋律，为"三全育人"提供畅通的渠道。利用国庆节、毕业典礼等重要节点，开展内容丰富、形式多样的主题活动，网上网下相结合，吸引学生积极参与，提高教育的针对性和亲和力。

2. 强化质量意识，提升供给能力。严格执行信息发布"分级审核、先审后发"的程序，落实"三审三校"制度，完善内容审查机制，加强对校园各媒体平台的检查监督，持续开展网站和新媒体巡检工作，提高信息发布准确率，促进信息发布工作质量提升。加强党史学习教育、省级文明校园创建等专题网站建设，引导师生从百年来我们党的革命实践中汲取智慧力量，在省级文明校园的创建过程中培养主人翁意识，增强自豪感、责任感，促进良好的道德文明素养养成。遵循思政工作规律、网络育人规律和学生成长规律，依托"三微一抖"为主体、多平台全覆盖的校园新媒体平台,充分发挥网络文化作品在宣传真理、传播文化、弘扬正气等方面的作用,有效融入家国情怀和爱校荣校意识,深入挖掘身边的正能量故事,打造系列有时代热度、有人文温度、有思想深度的网络思政教育品牌,形成了山管故事、丁香路3500号、师者说、榜样的力量、战"疫"、奇葩怪谈、漫山管、党史百问等校园新媒体品牌栏目,引领价值追求,涵养高远情怀。

3. 强化学生主体,引导自我教育。当前00后学生的主体意识增强,个性化程度日益鲜明,更加注重追求自身尊严、个体存在和自我价值。通过探究青年学生的群体特征、行为习惯、思想方式,利用新技术、新应用、新载体、新内容,运用学生喜闻乐见的话语方式开展舆论宣传,不断增强吸引力、感染力和针对性,更好地发挥学生的主体性与教育者的主导性。积极动员学生进行网络文化作品自主创作,开展"互联网+思政"系列评选活动,评选人气最高的大学生网络思政作品/栏目,组织网络精品征集评选展播,推荐年度网络文化建设中表现突出的学生参加"山东好网民"评选,吸引和鼓励学生主动参与网络思政,实现自我教育。学生在《齐鲁晚报·齐鲁壹点》举办的"我和我的家乡"微视频/摄影大赛评选活动中荣获11个奖项,其中获得微视频类一等奖的作品《瓷之韵》受到了评委的广泛好评,学生通过观察、感受和记录家乡的变化,增强了对家乡的热爱之情,厚植了家国情怀。广泛吸纳学生加入新媒体工作队伍,既能培育学生的网络媒介素养,同时又能促进学生全面发展。每年都有学生毕业进入到各个行业领域,但在学校新媒体中心工作过的很多人还是选择了新媒体运营工作,他们持续对新媒体怀有热情,持续用心用力,为网络文化繁荣做出新的贡献。

# 基于媒体融合的网络多维互动育人平台研究与实践

尹丛丛

## 一、新时代高校网络育人的内涵要求

网络育人是指高校围绕"立德树人"根本任务,以网络为中介开展思想政治教育,把大学生培养成为德智体美劳全面发展的社会主义建设者和接班人的育人模式。[①] 与传统育人模式相比,网络载体不仅体现工具理性,更是作为价值理性融入育人机制。探析新时代高校网络育人的丰富内涵,构建创新育人协同机制,对于提高网络育人的整体性与实效性具有重要时代价值。

### (一)网络育人是"三全育人"理念在信息化时代的新体现

习近平总书记在2016年4月网络安全和信息化工作座谈会上指出,"互联网是一个社会信息大平台,亿万网民在上面获得信息、交流信息,这会对他们的求知途径、思维方式、价值观念产生重要影响,特别是会对他们对国家、对社会、对人生的看法产生重要影响。"[②] 近年来,随着新兴媒体不断融合发展,网络育人不断呈现新形态,高校对其内涵的把握不再局限在"借助网络平台开展育人工作"的狭义理解上,也不再困宥在"传授与网络相关的知识技能"的片面曲解上,高校已充分认识到新媒体环境下育人工作的新要

---

① 徐世甫.网络育人:新时代高校思想政治教育新范式[J].中国高等教育,2019(09):50-52.
② 习近平谈治国理政(第二卷)[M].北京:外文出版社,2017:335.

求以及构建网络育人质量提升体系的深刻内涵。

（二）网络育人是高校思想政治教育数字化重塑的新模式

网络数据具有空间全覆盖、时间全天候的特征，还能够凭借其独特的资源、技术、思维优势，与新形势下高校思想政治教育资源需求的多样化、实践发展的多元化及思维转变的时代化相契合。网络大数据全样本、复杂性等特征有助于破解传统高校思想政治教育发展禁锢，为高校思想政治教育思维转变提供了理念支撑，为高校思想政治教育提供了新模式构建的可能性，为思想政治教育数字化重塑提供了新机遇。①

（三）网络育人是发挥网络优势促进学生全面发展的新契机

当代高校大学生是在高度开放的网络环境中成长起来的一代，青年学生无人不网、无时不网、无处不网、无事不网，网络深刻影响着他们的学习方式、思维方式、交往方式、生活方式、成长方式。习近平总书记说："要学会通过网络走群众路线，经常上网看看，潜潜水、聊聊天、发发声，了解群众所思所愿，收集好想法好建议，积极回应网民关切、解疑释惑。"网络在深刻影响着青年学生的同时，也成为当下高校思想政治教育者了解学生所思所想、所愿所求，回应学生网民关切、释解学生思想疑惑，引导学生成长成才、促进学生全面发展的主要阵地和育人平台。因此，新时代高校网络育人要求思政工作者对基于媒体融合的网络多维互动育人平台进行大胆地尝试与实践，占领网络阵地、发挥网络优势，打造网络育人创新格局，重视提升网络育人成效。

## 二、基于媒体融合的网络多维互动育人平台建构与实践现状

山东管理学院信息工程学院紧紧围绕"立德树人"这一根本任务，深入贯彻落实全国教育大会、全国高校思想政治工作会议精神，积极发挥政治领导力、思想引领力、群众组织力、社会号召力，打造特色网络育人平台。自2015年起，开始探索基于媒体融合的网络多维互动育人平台的网络育人模式，在微信公众号、微博等新媒体技术兴起之初，创建了校内第一批新媒体平台，

---

① 张瑞敏.大数据背景下高校思想政治教育创新研究［D］.上海：华东师范大学，2020.

并历时六年，初步构建了多元、多维的新媒体矩阵。

（一）建构多元模块，增加网络育人维度

自2015年始，山东管理学院信息工程学院探索建设了"官方"和"民间"两个微信公众平台，分别打造了功能强大、轻松有趣、贴近心灵的"山管信工小助手"和"帮得了忙，给得了情怀"的"山管青年说"。

官方微信公众平台"山管信工小助手"运营至今，单篇最大阅读量5000+，拥有关注用户5000+，成功推送过多篇价值观明确、导向性较强的推文，能和学生在同一频道上对话。如发布校园美图，让你爱上山管——《愿你爱上我穿裙摆的模样》《当我在山管的秋末遇见你》；学霸是怎样养成的——《优秀学生专访特辑》；毕业季离别的情怀最感伤——《再也收不到寄往丁香路3500号的快递了》；2020年春季全国抗击新冠疫情防控期间，连载《信工学子志愿者的那些温暖与感动》《辅导员抗"疫"故事》《科研战"疫"进行时》等系列板块，引导师生同心战"疫"；组织学生改编翻唱的《山管版南山南》《山管姑娘》《山管版小幸运》《山管版凉凉》《山管版济南济南》被山管学子广泛传唱，深受学生欢迎。作为官方微信公众号，还发挥信息技术特长，在平台上增加了"查课表""查四六级成绩""查计算机等级考试成绩""查空教室""新生报到查询宿舍号"等功能。

"山管青年说"则是在辅导员的指导下，由学生创办的"民间"自媒体，主打"实用主义"旗帜，将失物招领、快递代取等大学校园的最大需求应用其中，也成为大学生创新创业的新平台。校园草根号"山管青年说"是一个有思想和情怀的自媒体，"表白墙""We Talk部落格"既可让学生分享日常、抒发情感，也成为思政工作者了解学生所思所想的平台。2016年5月"山管青年说"主办山管"最团结班级大赛"，吸引了52个班级参加，当月"山管青年说"获腾讯微校2016全国高校公众号排行榜五月榜第10名。

在打造微信公众平台的同时，"信息工程学院官方微博"也建设得有声有色，曾在山东高校心理微博原创大赛中获三等奖。

（二）明确建设目标，打造多维互动矩阵

为践行习近平总书记关于媒体融合发展的重要论述，着力推动增强校园新媒体平台的思想性、教育性、服务性、互动性，加强移动性平台的融合发展，扩大网络阵地的育人覆盖面和社会服务面，山东管理学院信息工程学院通过深挖需求、队伍建设、技术融合，在实现微信、多个相关小程序等新媒体平台的整合互通基础上深挖高品质原创内容，通过媒体融合打造网络多维互动模式，搭建的新媒体平台已服务于学院工作、学生日常教育管理工作，通过顶层的设计，切实提升了平台的育人功效、管理功效、互动功效和应用实效。

明确目标，全面施策。信息工程学院确立了三个方面的建设目标：工作体系构建目标是建设一支思政育人工作队伍、一支网络平台管理队伍、一支技术研发队伍；内容建设目标是既要服务于学院工作，特别是服务于大学生日常教育管理工作，又要与外界合作扩大外延；平台载体拓展目标，是要形成网络多维互动效应，有效整合新媒体资源，形成一个有机整体，使互动育人功能得到有效发挥。

深挖需求，提升实效。信息工程学院充分发挥技术优势，加强个性化定制，通过师生、生生、学生自我反思以及教师自我沟通等途径的平等互动，达到情感、语言、观念的开放式交流目的，与大学生同频共振。自2018年起，当微信小程序平台开放，小程序异军突起之时，信息工程学院师生团队以微信小程序为载体，创建了"山管信工智慧党建云平台"等小程序平台。这些平台分别针对高校思政教育、日常管理进行了探索和实践。

"山管信工智慧党建云平台"以写实、记录、展示、促进为定位，建设有"标杆院系""对标争先""志愿服务"三大板块，包含记录入党积极分子学习学时、实践学时、志愿服务及考试功能。党员可以看到实时更新的党龄天数，个人从入党积极分子到发展对象、到成为预备党员、转为正式党员的历程，参加活动、学习的次数，以及荣誉记录，增加党员的政治身份自豪感和使命感。"山管信工'六个一'工程平台"基于信息工程学院"六个一"工程，要求每名学生每学年完成：参加一次竞赛、考取一个证书、完成一个项目、参与一个导师的课题、公开场合完成一次5分钟以上的演讲、参加一次社会实践。"六个一"工程智慧平台实现云记录方式，信工学子通过手机"打卡""六个一"已蔚然成风。"课查查"考勤小程序为"课堂点名"量身定制。到课率是学风建设的一个重要方面，亦是学生管理的难点。一方面，学生的考勤情况多由任课教师掌握，辅导员因所管理的班级较多，往往无法第一时间获得全体班级的到课率情况；另一方面，在传统的管理方式中，学生请假需由辅导员签署请假条，受时间、地点限制有时不能及时向任课教师出示，请假流程烦琐不畅。为解决以上问题，同时提升大学生日常管理的信息化流程，项目组自主开发了"课查查"考勤小程序。学生可在微信小程序中打开"课查查"，进行上课签到、请假等。辅导员可通过手机端或PC端登录，审批学生的请假申请、查看各班级的签到情况、统计各班级的到课率，为优秀班级评选提供学生到课情况的数据支持。"山管信工校友圈"在山管校庆八十周年之际推出，开发只有班级交流、班级相册、校友才可以看到的"校友圈"，为实名注册的历届山管信工校友提供交流、招聘、就业平台，助力学子成长。

以上平台，不仅功能灵活多样，而且使用极为便捷，均对思想引领、学生学业指导服务、学风建设、就业服务起到了一定的积极作用。通过实现对学生的教育服务功能并在大学生中广泛覆盖的同时还关注学生的个性发展，不断增强传播的亲和力和感染力，提高学生关注网络平台的持久度，进而提升学生对主流意识形态话语权的接受度，收获舆论引导、思想引领、文化传承、服务学生的成果，提升了育人实效。

（三）系统重构融合，增强网络育人实效

山东管理学院信息工程学院转变思想观念，坚持问题导向，通过优化管理模式、加强队伍建设、建设平台实体，构建网络思政育人"同心圆"。

信息工程学院构建起党总支统一领导、党政齐抓共管、师生共同参与的"大思政"工作格局，成立思政工作领导小组，建立了一支由班子成员、辅导员、学业导师组成的思政育人工作队伍，由团总支（学工办）、学生会干部、社团骨干组成网络平台管理队伍，通过校级精品思政项目立项和实施，遴选了两位优秀专业教师和部分骨干学生，组建了一支技术研发队伍，在原有新媒体平台的基础上继续深挖大学生日常管理需求，明确功能定位，推进不同学生日常教育管理相关应用的研发。

一方面，技术团队实现平台间的技术融合，在原有"信工小助手"的基础上，重建了综合性的"山东管理学院信息工程学院"新媒体平台并逐步试运行。研发的"课查查""舍查查"小程序,立足信息工程学院进行了试运行,正在通过学生工作部(处),推广至全校,服务全校师生。

另一方面,思政育人工作队伍在"山东管理学院信息工程学院"新媒体平台打造了多重板块,如"四史故事""学史力行""榜样的力量""解忧杂货铺",发布了系列推文《党史系列学习之党史故事汇》《众志成城抗疫情:信息工程学院抗疫纪实》《抗疫校友在行动》《奖学金背后的故事:与榜样同行,谱奋斗青春》等。这些优质作品注重官方平台的权威性,掌握网络舆论引导和价值引领的主动权,发挥"导航"功能,聚焦入脑入心,敏锐抓住信息化发展的历史机遇,加强网络正面宣传,以主流声音破解舆论偏见,以权威发布驳斥虚假信息,以理性分析解读争议事件;强化坚守高校意识形态阵地的政治意识,融合党史学习教育的同时注重满足学生的情感需求、求知需求、对重大人生问题的探求,通过文化浸润坚定当代大学生"四个自信",对提高青年学生价值判断力起到了促进作用,引领大学生从文化认同走向文化自信。

### 三、基于媒体融合的网络多维互动育人平台建设的优化路径

当前高校网络育人还面临着一些现实问题与挑战,育人阵地尚未形成合力、全员育人机制不够科学、育人内容缺乏共鸣。虽已有部分网络优秀作品涌现,但从量上看仍然供给不足,教育内容的普质化和学生的个性化需求存在供需矛盾。从质上看,一部分网络作品的话语体系不接地气,不能做到用网络话语和学生交流;另一部分作品则偏重娱乐,难以回应青年学生思想关切、解决青年学生价值困惑,应时而作、应需而作的能力不足,把握社会动向,反映时代特征的作用发挥还不到位。因此,针对现存的主要问题,提出以下几个方面的优化对策:

(一)强化科学价值引领,凝聚育人阵地合力

思想观念、价值取向深入人心需要经历一个濡化、内化、外化的作用过程,只有真正解决网络世界"话语代沟"问题,才能将教育内容潜移默化地

植入学生的思想。① 高校网络育人与整个社会的网络生态环境具有很强的关联性。高校要抓住网络这一关键阵地，深入把握数字时代学生特点，强化科学价值引领，善于用生动活泼、通俗易懂的方式在网络空间做好正面宣传，因事而化、因时而进、因势而新，构建清朗网络，凝聚育人阵地合力。

（二）推进网络队伍建设，建立全员育人机制

网络育人不是简单的网络与育人的结合，更非机械照搬传统育人模式，如果仅仅直接将理论或说教生硬地移植入网络载体，就会陷入形式主义、教条主义误区，难以引起大学生思想共鸣。网络育人应是理论与实践交互影响、相互印证的结果，综合课堂教育、日常管理、发展服务等各种手段，涵盖网络舆情管理、网络舆论引导、网络社区建设、网络文化培育等多种方式，包含了网络技能培养、网络发展辅导、网络人格塑造、网络人生提升等内容丰富的系统工程。思政育人工作队伍和网络平台管理队伍应深度整合、融合，懂思政也要懂新媒体，要原创、要创造，不能只做内容的搬运工，复制、粘贴、拼凑的推文不可能具有影响力，应打造更多有温度、有深度、有力度的文章。

（三）挖掘精准思政内容，增强学生情感共鸣

习近平总书记多次强调要培养精准思维、精准开展工作。在当代大学生的思想政治教育工作中，还需继续加强问题导向，精准施策、分类指导、因材施教。基于媒体融合的网络多维互动育人平台建设应着眼于挖掘精准思政内容，着力提供平台优质服务，切实提升高校网络育人平台的吸引力和黏着度。阵地和平台还需进一步改造、提升、优化，教育内容、形式、手段与教育目标、成效更加匹配。物联网、大数据、云计算等现代信息技术为精准思政提供了硬件基础，运用大数据优化思想政治教育供给和评估，推动思想政治工作精准化，对提升思想政治工作的针对性、科学性和协同性具有重要意义。

---

① 侯庆敏，宋丹，崔强．抗疫背景下加强高校网络育人的几点思考［J］．中国高等教育，2020（17）：30-32.

# 《仪礼·士冠礼》与大学生成人教育

郭伟宏

在古代，礼是一切社会生活、习惯、制度、行为准则、道德规范和各种礼节等的总称。《仪礼》，古称《士礼》或《礼经》，是西周礼乐制度下的冠、婚、丧、祭、乡、射、朝、聘等仪节活动的汇编。以记载士、大夫的礼仪为主，其特色在于其繁复而缜密的仪节，及其所代表的象征性内涵。《士冠礼》为《仪礼》首篇。冠礼，是狭义的男子所行的"士冠礼"和女子所行的"笄礼"的合称，是我国古代少男少女的成年礼。男子二十岁行冠礼，对于女子笄礼，文献记载不详。《仪礼·士昏礼》载："女子许嫁，笄而醴之，称字。"[①]《礼记·内则》云女子"十有五年而笄，二十而嫁"。郑玄注曰："谓应年许嫁者，女子许嫁，笄而字之。其未许嫁，二十则笄。"[②] 这样，汉代郑玄认为，笄礼要在女子许嫁之后、出嫁之前举行，或者是二十岁仍未许嫁之时行笄礼。

冠礼是《仪礼》中最郑重的礼仪之一，在人的生命中有特殊意义。《礼记·冠义》："冠者，礼之始也。"[③] 古华夏族以重冠服，以冠服为礼乐文明的象征，是区分华夏族与夷狄的标志，而冠是戴在头上的，所以冠冕在服饰中最为尊贵，冠礼以华夏族最重视的冠，首次加于其成年后的男女成员之首，相当于将礼乐文明赋予该成年者，故冠礼是古礼中最重要的礼仪。冠礼亦是中华礼仪的滥觞，其源于先秦男子行的成人礼，成人礼源于氏族社会的成丁

---

① 方向东点校. 仪礼注疏 [M]. 北京：中华书局，2021：151.
② 郜同麟点校. 礼记正义 [M]. 杭州：浙江大学出版社，2019：758.
③ 郜同麟点校. 礼记正义 [M]. 杭州：浙江大学出版社，2019：1411.

礼。成丁礼是在氏族中的部落成员体质成熟后，考察其技术、体质、军事纪律等，以确认该人是否具备相应的能力以承担部族义务，进而获得氏族成员应有的权利①。《礼记·内则》规定了人少年时期的学习任务，如能吃饭则教导使用右手，六岁教算术和辨别方位，每个阶段都有学习任务，直到"二十而冠，始学礼"。士冠礼是古代男子成年的标志，也是其可以参加社会活动承担社会责任的开始，因而非常隆重，有着特殊的意义。先秦礼仪的创建者将这种生理意义上的"成人"与道德伦理上的"成人"融合在一起，重强调社会道德教化。

近年来，伴随着传统文化的复兴，很多传统的礼仪又被人们从故纸堆里拾了起来。比如，有些高中、大学开始给学生们举行成年礼。恢复传统礼仪当然是很好的事情，可是因为这些礼仪已经在我们的生活中消失太久了，所以很多人都对这些礼仪不太了解，在操作的过程中也有很多不准确的地方。

### 一、当代成人礼的缺失

当代大学生入学年龄普遍在18~21周岁，正值其人生观、道德观、价值观、审美意识、集体意识的成型时期，成人教育对其行为和精神的影响必不可少。学校作为德育的核心场所，作为施教方对大学生的道德情性的生成负有主要的责任，其与家庭的应有联动，可成为学校与家庭的教育联动的范式。而成人教育的成功，亦可推动大学生以更加负责的态度努力学习、勤奋科研，进而成为德智体美劳全面发展的人才。

然而，目前大学生的成人礼、成人教育皆是缺失的。据一项调查显示，92.8%的学生没有接受过成人仪式②。而即使有成人礼，其形式亦不甚庄重。当前大部分人庆祝成人之礼，基本是以宴席、祝酒为主，宴席之上或许有谆谆教导，但更多的只是推杯换盏，甚至有些家长让受礼者去敬酒，美其名曰"学习酒桌文化""学习人际交往""融入社会"，实际这些仅是形式主义糟

---

① 杨宽. 冠礼新探 [M]. 杨宽著作集：古史新探. 上海：上海人民出版社，2016：239.
② 田静萍. 中国传统成人礼文化和当代大学生的成人礼教育 [J]. 继续教育研究，2010 (12)：118.

粕，未能达到真正的培养情操的目的。或者学校为其举行成人礼，却由于场地、人力的受限，变成了宣教过程或誓师大会。

如果大学生没有建立成人意识，就无法对自身建立相应的肯定，对社会责任、家庭义务、独立意识、自律意识、传承意识的认定，以及民族的认同感，没有意识到社会对于自身的需求感，进而或许会割裂自我与社会，产生孤立情绪，缺乏人生期许和社会理想。譬如，当代社会上出现的"巨婴"现象，对父母"啃老"，对家庭、国家的疏离，早孕早产，自暴自弃、躺平，不结婚不生育，"拜金主义"，等等，与成人教育的缺失皆有关系。

中华民族素来重视道德品行教育，在礼仪中对成人意识的培养更是如此。在《士冠礼》中，无论是冠礼的仪式教育方式，还是其蕴含的道德行为内核，在目前的大学生教育中都尤为珍贵，可资借鉴。

## 二、冠礼的流程

《礼记·冠义》云："凡人之所以为人者，礼义也。礼义之始，在于正容体、齐颜色、顺辞令。容体正，颜色齐，辞令顺，而后礼义备。"[1] 故"正容体、齐颜色、顺辞令"的最基本要求，仪式总是通过语言和身体的程式化动作来完成的，其主要分以下三个环节：

一是冠礼前的准备，主要是筮日、戒宾、筮宾、宿宾、为期等。首先是筮日。筮日即通过卜筮的方式选择举行冠礼的良辰吉日，"以求永吉"，希望受礼者有优秀的开端。占卜要在庙门举行，以示郑重。其二是戒宾。冠礼的主人（一般是冠者的父亲）会在冠礼举行三天前邀请各位卿大夫、长辈、同僚、朋友进行行礼或观礼，戒即通告之意。其三是筮宾。主人再次通过占筮，从所通报的僚友中选择一位正宾，担任加冠的使命，在士冠礼举行之日，正宾必须到场，否则不能成礼。所以在筮宾之后，需要提前一天再去正宾家中做郑重的邀请。《士冠礼》云，主人和各位司礼者要"玄冠朝服""筮于庙门"。为此，《礼记·冠义》解释云："古者冠礼，筮日，筮宾，所以敬冠

---

[1] 郜同麟点校. 礼记正义 [M]. 杭州：浙江大学出版社，2019：1411.

事"①，又云："古者重冠，重冠故行之于庙，行之于庙者，所以尊重事。尊重事而不敢擅重事，不敢擅重事，所以自卑而尊先祖也。"所以，筮日、筮宾、为期都要在庙门前举行。

二是冠礼的举行，包括陈服器、就位、迎宾及赞者、始加、再加、三加、宾醴冠者、见母、字冠者等。陈服器，即摆放行礼过程中所用到的三顶冠，即缁布冠、皮弁、玄端；三套服装，即玄端服、皮弁服、爵弁服，以及各种器物陈设如俎、边、豆、觯、酒、玄酒、洗，等等。就位是主宾、主人、冠者三位主要行礼人，赞、介等司仪人员，以及冠礼者、乐师等人各就各位，准备开始行礼。三次加冠和易服是冠礼的核心关节。由正宾为冠者加三次冠，受冠者须相应更换三种服装。初加缁布冠，传玄端、缁带、赤而微黑的蔽膝。再加皮弁，穿素积、缁带、素蔽膝。三加爵弁，穿熏裳、纯衣、缁带，每次加冠后都有祝词。宾醴冠者，即正宾以酒款待受冠者，受冠者要下拜，然后接受，宾要答拜。见父母，受冠者冠毕，去后堂拜见名义上的母亲。字冠者，即正宾主持给受冠者选定一个含美好寓意的字。正宾此时云："礼仪既备，令月吉辰，昭告尔字。爰字孔嘉，髦士攸宜。宜之于假，永受保之，曰伯某甫。"②

三是正礼行毕后的仪节，包括冠者见兄弟、赞者、姑姊，冠者执挚见国君、乡大夫、乡先生、醴宾、归宾俎等，以表示尊敬和感谢。

因时代、地域不同，冠礼的各个仪节有所不同。礼乐制度崩塌后，各朝各代知识分子以家族为单位定下冠礼仪节，国君行冠礼亦各有程式，主要都是基于《士冠礼》的增删修改。在南北朝期间，冠礼曾废行几百年，而朱熹根据《仪礼》制作《朱子家礼》，省盖许多仪节，更适合宋代知识分子使用。

### 三、《仪礼·士冠礼》的精神要义

冠礼，其首要意义是庆祝该成员的成年，并将家族义务赋予其身，但同时又有极其强烈的行为道德上的教育含义，以及强烈的责任意识、自立意识、

---

① 郜同麟点校. 礼记正义［M］. 杭州：浙江大学出版社，2019：1412.
② 郑玄. 仪礼注疏［M］. 上海：上海古籍出版社，2018：80.

集体意识，促使受礼者自律、自信、自强，以一个崭新的姿态投入新的人生阶段，在礼乐文明的内核下成就一番作为。当代冠礼的重塑，其对当代大学生的意义主要体现在以下几个方面：

1. 责任意识：三加弥尊，加有成也

冠礼是一个人参与社会礼仪活动的开始，是承担社会义务的开始，是男子一生中首次正式参与的礼仪活动，因而其重要性决定了其在仪节上的复杂与郑重。

其职责主要体现在亲人、宗族、政治、社会四个方面。即《礼记·冠义》所云："成人之者，将责成人礼焉也。责成人礼焉者，将责为人子、为人弟、为人臣、为人少者之礼行焉。将责四者之行于人，其礼可不重欤？"①《礼记·内则》则介绍了少年为成年而做的学习准备，其云：儿童六岁，教以数目与四方之名；八岁，教以礼让，示以廉耻；九岁，教以朔望和六十甲子；十岁离家，向教师学习文字和侍奉长者的礼仪，以及礼书的篇章和日常礼仪辞令；十三岁，诵《诗》，学习音乐，练习《韶》舞；十五岁称为"成童"，练习《象》舞，以及射箭和驾驭车辆②。这些都是为了成人做准备，今天的大学生，其心智经过家庭和学校教育，理应承担起这份责任与义务。端庄郑重的仪式是冠礼必备的特色。

三次加冠无疑是冠礼的中心仪节，每次加冠更换相应的服饰。初加缁布冠，配与玄端服，称之为"始加"。缁布冠为黑色，相传太古时代以白布为冠，若逢祭祀，就将白冠染作黑色。冠礼先加缁布冠，蕴含尊古崇朴之义。缁布冠为士平日所戴之冠。再加冠以皮弁。皮弁，以白鹿皮为冠，形状似人双手手指相对扣，类似后来的瓜皮帽，比缁布冠更加尊贵，与皮弁服配套使用。皮弁和皮弁服是臣子在朝堂上的服饰，象征着受冠者有资格参与政治事务。三加为爵弁，配合爵弁服，是士大夫与国君等参与祭祀场所使用，象征着加冠者开始拥有祭祀权。三级不同意义和功能的冠服递此升级，地位愈加尊贵，赋予了治人、参政、祭祀这三项最重要的社会事务和权利，使加冠者

---

① 郜同麟点校. 礼记正义 [M]. 杭州：浙江大学出版社，2019：1412.
② 郜同麟点校. 礼记正义 [M]. 杭州：浙江大学出版社，2019：758.

更加明了自身在社会中的角色。

在三次加冠程式中,正宾以具有告诫意味的祝词砥砺加冠者。譬如,第一次加冠,祝词为"弃尔幼志,顺尔成德",即要求对方放弃年幼时的天真烂漫的行为,以成人的道德行为准绳要求自己。第二次加冠,正宾云"敬尔威仪,淑慎尔德",即仪态应端庄,严格要求自己的德行,做到贤良谨慎、内心真诚。第三次加冠,正宾云"兄弟具在,以成厥德"等,意为兄弟都在场见证,以成就你成人的美德。

冠礼中的一个细节是,嫡长子加冠的位置在阼阶上,也就是东边的主阶。即"嫡子冠于阼,以著代也"。"著代",即显示嫡子有资格代替主人(父亲)在家族中的地位。因而,彰显其地位的尊崇,也是对其责任的赋予。[1]

2. 自立意识:弃尔幼志,顺尔成德

成人的责任就在于自立,二者是紧密相关的。冠礼不仅是宗族对受礼者成人的认可、期许,是受礼者承担社会义务的开始,更是受礼者自我人格自立的开端。自立即凭借自身能力独立生活,不依赖他人。加冠后的成人在礼乐、政治、军事、祭祀、田政等活动中应举止恰当,建言施策,有自己的主见,亦需要为自己的人生规划一个愿景,并为之孜孜以求。

首先,冠礼中受冠者在外在条件,即在容体、颜色、辞令上应达到成人的标准,成人即意味着自立。达到"正容体、齐颜色、顺辞令",即举止得体、态度端庄、言谈恭顺,这是行冠礼表面上的最低要求,也是礼仪的起点,该要求的内核即是以成人标准要求受礼者。

其次,冠礼要求受礼者在心性、品德上必须做到自立自强。譬如,在三次加冠和醮礼礼毕之后,受礼者要在西阶的东边,面南而立,主宾亲自为其取"字"。《冠义》云:"已冠而字之,成人之道也。"此环节被称为"命字"。命字在于蕴含美好祝福和期望,主宾所命之字大多与德行有关。从此之后,长辈称晚辈直呼其名,晚辈见长辈自称其名,而平辈之间互称字,敬称对方也需用字。

冠礼的仪式性对于加冠者的内心情性的养成起到至关重要的作用。在冠

---

[1] 郑玄. 仪礼注疏[M]. 上海:上海古籍出版社,2018:86.

礼的运行过程中，受礼者不仅是宾、主人、介、赞者等人礼义的核心，亦有无数观礼者和礼乐的加持。在这种氛围下，受冠者身心必受极大震动，情感受到渲染，其对于自身的肯定、对于未来的期许，这种自信自强的精神无疑会促使其精神境界得到提高。冠礼礼毕，需要去面见国君、乡大夫等人，听取其对受礼者的忠告。《国语》中记载了赵文子冠礼之后去面见栾武子、中行宣子、范文子、驹伯、韩献子、郄犨、郄至等人，这些人首先对赵文子的威仪表示了认可，又对赵文子给予了各种品德修养的忠告。

3. 自律自省意识：敬尔威仪，淑慎尔德

仪节的行使要求施礼者、受礼者、观礼者在行为和精神上须符合周礼下的道德品行，即行为上的自律和精神上的自省。自律首先是仪节上的约束。冠礼的仪节首先是容体、颜色、辞令符合规范，礼节的举行应庄重、严肃、恭谨，所有仪节必须按照规章程序，一五一十地进行，否则即被视为失礼。失礼是重大事故，在礼仪文明的时代，失礼者会被社会所排斥，进而失去社会地位。在当时礼仪对人全面干预的情况下，人的行为方方面面都要遵循礼仪的纪律，这就要求人必须养成自律的行为习惯。

在行为和德行上，内心的自律与自省，是礼仪教育的重点之一。譬如《中庸》云："喜怒哀乐之未发，谓之中。发而皆中节，谓之和。中也者，天下之大本也。和也者，天下之达道也。致中和，天地位焉，万物育焉。"[①] 喜怒哀乐等个人情感蕴含于人的自身，没有迸发出来时，叫作"中"。情感的表达，不能任由其发挥，亦不能没有表现，其表现得有节度、符合礼仪，叫作"和"。每个人本性中都有情感，但要达到"和"，却需要礼仪的调度，需要大家遵循仪节，以达到"中和"的境界。譬如，冠礼中的受冠者和主人，其内心当较为兴奋，然而，这种兴奋感必须抑制下去，转而变成一种明心敛性的郑重礼仪，这便是达到了"和"的境界。要达到这种境界，首先做事要不走极端，不偏不倚。做事用力过猛，可能会"过犹不及"。所以在仪节的制定上，每个仪节都要缓慢而正确地进行，每一步都要合乎礼仪，符合规范。这即是《中庸》所云的"中"与"和"。其次，考虑问题周全。孔子说："允执

---

① 郜同麟点校. 礼记正义 [M]. 杭州：浙江大学出版社，2019：1245.

其中""叩其两端"。《中庸》曰:"执其两端,用其中于民。"在处理事情时,要考虑周全,注意倾听不同的意见,通过缜密考虑,采取妥当而周全的路线实施。不能意气用事,亦不能进退维谷、停滞不前。最后,对人对事,应虚心以待、诚敬以为,即使是在无人之处,亦应时时自省,"吾日三省吾身",这样,在道德和行为上则更加完备。

4. 培养大学生集体意识、家国观念和民族认同

所谓"仪式",就是指"一种用来举行庆典的形式",它同时也是一个民族共同信仰下理念的具体行为表现。仪式作为一种社会活动在远古时代就已经产生,指的是与宗教相关的具体行为,行为方式的程式化促成了社会约定和规范的形成。[①] 涂尔干突出了仪式在社会结构中的地位,仪式的主要功能就是将庄严、神圣的意义赋予至人生的各个阶段:怀孕、新生、青春期、成人、死亡等等。对仪式的功能,涂尔干则表示,在仪式中,成员往往会产生一种"集体欢腾"的状态,这会使他们成为一个道德共同体,重塑集体的信念和生活。[②]《仪礼》是先秦礼乐制度下必备的集体活动,通过繁复的礼乐的使用,促成礼乐活动的参与者塑造了一个共同的道德体系,构筑了先秦时代的集体意识和信念,并在方方面面融入了成员的生活形态。当代对于仪式也是必不可少的,仪式参与社会实践的方方面面,构建集体共同的人生观和价值观,对于个人人格的塑造和德行的培育亦至关重要。

冠礼是一种集体活动,是集体中的所有人(代表)共同协作的系统仪式。礼仪的行使一般都是集体性的,如国家公祭、毕业典礼、丧礼、婚礼等,是人类历史上最普遍的一种社会文化现象,礼仪可以凝聚社会力量、强化集体团结。故人类学家大卫·科泽曾说:"没有象征以及相关的仪式,就没有政治。"传统礼仪中,从《礼记·礼运》中所载的"大道之行也,天下为公",到《荀子》总结的"人生不能无群",再到贾谊《治安策》倡导的"国而忘家,公而忘私",都强调了集体优先的理念。《论语》云:"道之以德,齐之以礼,有耻且格。"就是以礼仪道德,在潜移默化中培育人民的德行,将礼仪

---

① 王轻鸿. 仪式 [J]. 外国文学, 2015 (11).
② 张玥. 成人仪式的德育意涵研究——以 N 大学为例 [D]. 南京:南京师范大学, 2018: 3.

道德培育为集体意识。譬如，在《冠礼》中包括受礼者、施礼者、观礼者三方参与，赋予其能够参与集体的礼乐活动，并产生认同感。国家之事在祀与戎，此后，祭祀、军事等各个家国大事，受冠者终身参与其中。

总之，冠礼中所承载的责任意识、自立意识、自律自省精神、道德情操，及其所传承的民族精神、集体意识、家国观念等优秀传统美德与情操，直至今天仍然具有很强大的生命力，对塑造大学生的人格具有充分的借鉴意义。

### 小结

作为"礼之始"的冠礼，是先秦最核心的礼仪，它以极富象征性的礼仪，赋予了加冠者强烈的社会责任和家族义务，并潜移默化地对人的道德品行和自我修为进行塑造，在人的生命历程中具有重大意义。在当代，一方面，我们可以借鉴冠礼的仪式和教育方法，为大学生树立新的角色认知，以新的道德观念培育文明青年，在潜移默化中涵养全民族的文明品格；另一方面，深挖传统冠礼中积极向上的意涵，使之传承民族优秀传统文化，涵养大学生的道德人格。传统冠礼礼仪中所蕴含的感恩之心、成人之责、修身之道，目前仍然是当代大学生全面成才所必备的基本素养，对于社会主义精神文明建设和民族复兴，仍然大有裨益。

# 山东管理学院：以文化人 以文育人 推进文化育人新模式

高 婷

以文化人、以文育人是加强高校思想政治工作的必然要求，高校承担文化育人的重任，文化育人是高校落实立德树人、培养高素质人才的重要支撑。学校充分发挥以文化人、以文育人优势，以劳动精神和校园文化的价值引领，营造特色文化良好氛围，以第一课堂和第二课堂的教学特点，强化文化培育体系建设，以网络宣传和阵地管理的依托保障，发挥文化教育育人功能，推进文化育人知行合一的实现。

## 一、以劳动精神和校园文化的价值引领，营造特色文化良好氛围

山东管理学院作为全国唯一一所具有工会背景的省属普通本科高校，将工会和劳动作为学校发展底色，结合学校在劳动教育方面的特色和优势，依据国家有关文件精神进行编著《新时代高校劳动教育通论》，准确把握社会主义建设者和接班人的劳动价值取向、劳动精神面貌和劳动技能水平的培养要求，以劳动素养的培养为核心，在劳动观念树立、劳动精神弘扬、劳动能力培养、劳动权益保障四个方面，对大学生进行针对性教育。

校园的道路、建筑、景观等是学校文化的物质载体，学校强化校园文化提升工程，打造景观文化和建筑文化，系统布局反映学校校史校情、体现学校办学特色、展现师生精神风貌、蕴含中华优秀传统文化的校园标识系统和景观设施。学校在道路命名中加入校训精神和儒家文化精髓，赋予学校几条主干道以"明德至尚、弘毅至远、博学至真、笃行至成"的美好愿景，又从

传统典籍中汲取精华，仿照《诗经》的四言句式和风格特点对学校景观进行命名，将学风的质朴、文化的厚重、古文的诗情孕育其中，将优秀文化潜移默化地根植在学生心中。学校注重品位、突出内涵，制定校歌、完善校园景观命名体系，运用视听结合的文化表达方式，打造全校师生"看得见、听得见、摸得着、感受得到"的具有山管特色的良好文化氛围。

## 二、以第一课堂和第二课堂的教学特点，强化文化培育体系建设

根据学校人才培养目标定位和专业结构布局，学校在通识选修课程中设置《中国传统文化》《唐诗宋词鉴赏》《中国传统文化概论》《儒家思想与传统文学修养》《中华诗词之美》《古代文学作品选读》等传统文化类通识课程，结合第一课堂与第二课堂的教学特点，增加了中华优秀传统文化等人文素质教育类课程数量和门类，丰富课程内容，增强内容吸引力，扩大影响覆盖面，让更多的学生接受中华优秀传统文化教育。

学校将第一课堂与第二课堂深度融合，强化文化培育体系的建设。学校坚持第一课堂的基础性作用，采用"思政课程"引领"课程思政"模式，用好思政课堂主渠道，其他专业课恪守好一段渠、种好责任田，在广大师生中形成共同理想信念、强大精神动力和良好道德风尚。充分发挥第二课堂的协同育人功能，利用具有特色的地方红色资源、重要的革命纪念日开展革命文化读书分享会、主题教育、主题实践等活动。

## 三、以网络宣传和阵地管理的依托保障，发挥文化教育育人功能

为体现文化教育育人功能，学校对学生成长规律、新媒体发展规律、思政教育规律进行积极探索，将栏目与课程思政相融合，打造《山管故事》《奇葩怪谈》等短视频品牌栏目，以学生喜闻乐见的方式挖掘身边的模范人物和模范故事，讲述山管好故事，传递山管正能量。学校建设集微信、微博、QQ空间、抖音、快手等多平台于一体的新媒体平台，拓展校园新媒体宣传的渠道和空间，创新性融入优秀文化元素，创作弘扬正能量、有新意、能感人的网络文化作品，以更年轻化的形式引导学生树立正确的价值观。运用活泼、

直观的情境式体验代替传统的单一说教，用社会主义核心价值观引领新媒体文化，让以正能量为底色的新媒体文化更具传播力和吸引力，同时引导学生内化于心，外化于行，积极成为先进文化的传播者和践行者。

学校着力发挥文化育人功能，建好文化专题学习网站，把网络发展成为传播先进文化的重要宣传阵地。学校强化规范校园网网站建设管理工作，健全校园网新闻发布制度，定期开展二级网站检查评比活动，建设好校、院两级门户网站。着力构建一批融思想性、信息性、文化性为一体的校园网站群，不断提升校园网站群文化品位。切实强化网络文化建设管理工作，配齐配强网络评论员队伍，引导网络舆论，维护正面发声，并成立新媒体联盟，进一步加强学校新媒体的建设、管理、维护工作，增进校内各新媒体平台之间的交流互动，建立全校联动的信息共享平台和宣传联动机制，构建风清气正的网络文化传播平台。

学校"以文化人、以文育人"的思想，体现了理论性与实践性的统一结合，利用文化潜移默化的特点，培育学生的文化自觉与文化自信，鼓励学生在实现中国梦的伟大实践中创造自己的精彩人生。

（发表于《中国教育报》，2021年6月1日）

# 地方性应用型高校思想政治教育全程、全方位育人模式构建探究

黄骏达

习近平总书记在全国高校思想政治工作会议上指出,"要坚持把立德树人作为中心环节,把思想政治工作贯穿教育教学全过程,实现全程育人、全方位育人,努力开创我国高等教育事业发展新局面。"在习近平新时代中国特色社会主义发展的形势下,培养综合型素质型人才更加关键。为此,以立德树人为中心内容的思想教育工作不但要求把对学生教育贯穿学校教育始终,还要求以学校教育为基础,进行与家庭、社会熏陶相配合的全面教育。在这个进程中,我们必须把学校当作德育主阵地,以思政课教学为主导,发挥学校思想政治教育工作的重要地位,以及家长和社会在思想政治教育活动中的教育影响。只有做到在各个环节形成合力,才能真正在历史进程变化的条件下承担起培养新时代中国特色社会主义建设者和接班人的责任。

## 一、高校思想政治教育融入"三全育人"基本内涵

### (一)全员育人

"全员育人"是指所有高校教职工、家长及社会等一切能对学生造成思想政治因素影响的团体或人士都积极参与到育人活动中,不同人群、不同环节都有意识地加强育人职责,自觉落实好育人条件和育人要求,多渠道、全方位地对学生开展宣传教育。这里的"全员"不仅涵盖了能够直接对学生开展宣传教育的高等学校党组织,团组织中的高校教职工成员,学校思想政治课教师、辅导员,以及能够在课堂上对学生思想政治教育开展正面指导的学校

专业课授课教师等，而且也包括了能够间接对学员形成思维政治立场、价值方向作用的家长，学生本身以及社会资源。在每个阶段的各个环节，共同构建学校、家庭、社会、个人"四位一体"的育人环节。应当说，在践行"全员育人"观念的进程中，高等学校教育工作更具核心功能。同样，家长、学生自身和社会各功能单位也应当协助高等学校的整体统筹计划，在育人进程中共同努力建立"全员育人"的有效管理机制。

（二）全程育人

"全程育人"具备"时限性"，是指高校思想政治教育工作应贯彻于学生学程的始终，不再以学年为教学的单位时间，而是从上课教学到日常生活教学，乃至贯彻于每个学生的假期中。"全程育人"凸显了高等学校思想政治教育工作的连续性，也解决了中国传统学校思想政治教育工作中以学期为单元、以课堂教学为单一阵地的不连续性。思想政治教育工作是长时间、系统性的，而不是一蹴而就的。高校教师队伍需要抓住培养学生个人全方位提升路径中的几个关键点，协调建立学科教学和思想政治教学的衔接关系，为新时期培养素质教育型人才。

（三）全方位育人

"全方位育人"具备"空间性"，而且紧跟习近平总书记所提倡的"将立德树人当作中心环节"的思想方向，逐步变革了以往的独立化、片段化或单科培养方式。在常规课程的基础上，以社会实践活动提高学生的行动意识，以多元、立体化的教学与科研推动其全面发展知识体系，同时积极发挥环境对学生能力的培养功能。"全方位育人"注重的是把学校思想政治教学工作纳入学生学习活动的各个环节中，不拘泥于学校教学的一点或某方面，而是通过立体化的方式整合运用教育资源及其对学校教学的显性与隐性作用，发挥高校教学的各种要素作用，共同形成和谐健康的全方位育人关系。

（四）"三全育人"三要素之间的关系

对高校思想政治教育融入"三全育人"研究，不但要理解"三全育人"的基本要素核心，更需要理解"全程育人""全员育人""全方位育人"的含义，认识三个要素相互之间的矛盾联系和相应的地位与功能。从逻辑联系来看，"全员育人"是"三全育人"观念中的重要基础和前提条件，唯有让

"全员"成为自觉,对高等院校学生开展德育的观念教育,"立德树人"的根本任务才能透过"全员育人"观念贯穿实施到教学、实践、家庭教育等活动。"全方位育人"和"全过程育人"是推动"全员育人"的纽带,空间性和时间性的结合构建了"全员"与学生沟通交流的双方渠道。总之,"全程育人""全员育人""全方位育人"是一个整体,三方合力构建了高等教育整体性教育系统,充分体现出党和国家对新时期优质、高水平人才的基本需求。

**二、应用型本科院校思想政治教育全程育人全方位教育的目标特色**

伴随着云计算技术、大数据挖掘以及新型人工智能的蓬勃发展,新的科技变革已然来临。应用型本科高校思想政治教育已经出现了滞后性,利用新媒体技术不足、育人路径模式固化等困境,要想适应新时代的特点,弥补不足,思想政治教育全程和全方位育人应该具备以下特点。

(一)时代性

在全新的信息化背景下,对思想政治教育全程育人和全方位育人能力提出了全新的需求,它的信息传播性快、效应大的特点要求思想政治教育必须牢固占据教育的制高地,尤其是在网络思想政治教育中掌握绝对的理论话语权。在新时期,学校要克服原先教育模式固化的问题,就必须加大教育途径创新性,从各个阶段学生身边,寻找思考"边缘科学""交叉科学",撞出教学方式新的火花,生成教学力量。积极运用新型媒体、技术,使教育活起来,采用"电视思政""动漫思政"等学生喜闻乐见的新教学方式,传递正力量,有助于学生树立正确的世界观、价值观,打牢学生成长的科学思想基础。

(二)可操作性

全程育人和全方位育人适合当前应用型本科院校思想政治教学实际,具备实践性。时间的稳定性和空间的整体性,都需要有效的思想政治宣传的领导小组,也需要专业的宣传组织制订相应条例,并在此过程中,进行中期和终期的考核,列入对各二级机构和个人的考核标准中去,对排在末位的机构和个人进行公示,促使其情况持续改善。

（三）可持续发展性

可持续发展是指既不影响当代人发展的需求，又不损害后代人满足持续需求的发展，注重多方面发展、公平竞争与效益。全程育人和全方位育人是分阶段、分层级、多维度的教育方法，它涵盖了大一至大四所有的年级阶段，并涉及授业育人、制度育人、服务育人、活动育人、学校文化育人和组织育人等层面，其核心目标是"多维合一"，以实现教育的最高目标。它重视教育的平等，更重视教育的质量。

（四）全面性

全方位教育是指对所有领域进行全方位的教育。应用型本科院校思政教学还跟不上信息科技革命社会发展的进程，它迫切需要突破学校已有的固化教育方法，从而在思想教育活动中必须充分考虑到学生全年级的思想教育，所以目前状况下大一大二的思政教育比较多，作用比较好，而大三大四的思政教育则很少，作用也弱。许多教育工作没有反映思想政治教育的功能。在教育方向上需要按照新时期的特点，增加创新的思路，实现全面性。

**三、应用型院校思想理论教育全程、全方位育人模式构建探究**

全程、全方位育人模式构建是在遵循教育规律、思想政治工作规律和学生成长规律的基础上提出的。应用型本科院校思想政治教育要整合育人路径，形成育人合力，防止出现管理人员、服务人员、教学人员等各自为政的现象。基于上述认识，我们提出"应用型本科院校思想政治教育全程、全方位育人模式"，简单归结为"两课、三全、十育人"。

（一）高校课程思政与思政课程建设协同育人

1. 做好课程思政建设

结合课程建设讲好"六个故事"：讲好中华优秀传统文化故事、讲好红色文化故事、讲好祖国建设发展故事、讲好劳模精神和工匠精神故事、讲好宪法法治故事、讲好学校发展故事。

2. 做好思政课程"5+x"体系建设

继续坚持做好思想道德与法治、中国近现代史纲要、马克思主义基本原理、毛泽东和中国特色社会主义理论体系概论、形势与政策5门思政必修课课程建设。通识选修课开设"四史"教育课程，有意识地将历史过程、历史事件、历史人物、历史经验教训和思政课内容有机结合，同时又要能吸引学生兴趣。

（二）推进"三全育人"工作的创新路径

1. 全员育人——"育人无不尽责"

一是持续提高教师队伍的素质与能力，学校经常性组织课程思政培训，举办课程思政比赛和青年教师比赛等，增强教师的思政意识，不断提升育人能力；二是做好教学管理人员的育人意识提升，通过组织教学管理人员系列培训，使其理解自身在育人体系中的角色定位，切实肩负起服务育人、管理育人的责任；三是拓宽育人主体，构建学校、社会、家庭、自身"四位一体"育人体系，发挥学生的主观能动、家庭配合和社会支持。

2. 全程育人——"育人无时不有"

落实学生从一进校门到毕业，从每个学期开学到结束，从双休日到寒暑假，都能够用心学习学校精心安排的思想政治教育，贯穿始终。为此，一是成立高素质管理队伍，严格把关辅导员选拔、聘用与培训，并合理配置；二是坚持做好思政课堂，思政课教师积极学习党的理论成果，做好集体备课，及时交流经验，做好思政课的时代性内容；三是占领网络阵地，结合微信公众号、微博等渠道引导广大学生积极参与活动，传递正能量，提高网络文明素养。

3. 全方位育人——"育人无处不在"

改革教学方式，实施"课内课外、校内校外、线上线下"育人方式。在课堂教学上，还发挥课堂主渠道作用，推进课堂教学各环节的衔接，打造课程思政教学环境。不断创新教学方法与教学手段，做好教学设计，积极推进信息技术和教育教学的深度融合。加强案例的教学、研讨，通过让学生参与互动讨论，引导学生主动参与课堂教学，提高学生积极性，从而实现价值塑造、知识传授和能力培养无缝衔接。除了课堂教学，也要发挥线上教学优势，引进搭建"优慕课"、雨课堂、智慧树和超星平台等，将线上线下教学有机融通，实现线上线下多空间"共思政"、课内课外各时段"同育人"。

积极开展第二课堂实践活动。第二课堂平台实行学分认定制度，主要设置为思想政治与道德修养、社会实践与志愿服务、文化艺术与身心发展、学术科技与创新创业、社会工作与技能拓展五类课程。

（三）贯彻落实"十大育人"体系

1. 统筹推进课程育人。深入推动习近平新时代中国特色社会主义思想进教材、进课堂、进头脑，大力推动以"课程思政"为目标的课堂教学改革，结合课程内容讲好"六个故事"，加强"国一流""省一流"课程培育，举办青年教师讲课比赛，把课程育人作为重要标准。

2. 着力加强科研育人。以课程思政研究为抓手，设立校级课程思政专项研究课题，立项课程思政专项，引导教师加强对课程思政内涵、价值、实践路径和方式的研究，以研究推动课堂教学，提升课堂教学思政教育的实效性。

3. 扎实推动实践育人。按照专业实践能力培养目标，梳理整合优化实践教学体系，分层次、分模块设置实践环节，加大综合性、设计性实验的比例；积极探索符合本专业特点的课堂外实践教学形式，提高实践教学学分比例，丰富实践教学方法和内容；加强与行业企业、工会组织、地方政府的合作，开发引入企业和实务课程，推动教学紧贴生产实际和技术进步；充分利用校内外实践教学资源，构建更加完善的实践教学体系。

4. 深入推进文化育人。发挥中国特色社会主义文化育人功能，注重以文化人、以文育人，深入开展中华优秀传统文化、革命文化、社会主义先进文化教育，践行和弘扬社会主义核心价值观，以重大节日为契机，通过组织集中观看《厉害了，我的国》《我和我的祖国》等电影，开展文明校园创建，优化校风学风，培育大学精神，建设优美环境，从而滋养师生心灵、涵育师生品行、引领社会风尚。

5. 创新推动网络育人。构建校院两级网络管理、运营阵地，指定专人负责院系网络阵地，不断加强网络安全员、运营主体管理员力量，定期举办安全知识讲座，引导师生增强网络安全意识、遵守网络行为规范。充分发挥各类短视频 app、微信公众号、学习强国在网络文化育人中时空开放性强、对象参与性高、资源丰富性足等优势。加强校园信息化建设，大力建设"智慧校园"，实现与学生事务相关的核心网络共融、共通、共享，建立融教育、管理、服务于一体的综合平台。

6. 大力促进心理育人。充分发挥学校大学生心理健康教育中心的职能中枢作用，牢牢把握院系在心理健康教育中的主体作用，将心理健康教育工作的重心前移至学生宿舍区，构建心理健康教育站，选派专职辅导员担任负责教师，配备有心理专业背景或具有心理咨询师职业资格证书的辅导员担任兼职心理咨询教师，定期开展学生心理状况筛查，积极构建心理预警系统，对重点关注对象做到底数清、情况明、联系准，实现对心理危机事件的积极预防、主动预警和及时干预。

7. 切实强化管理育人。管理作为高等院校生存与发展的重要组成内容，促使高校各单位、部门如齿轮啮合一般有序运行，为高校人才培养打下坚实的基础。明晰管理人员、专任教师的责任清单，依托国家级一流本科专业点和省级一流本科专业建设，支持、鼓励教师投入课程建设、教材编撰、项目指导中，提升学生培养质量；加强辅导员队伍建设，推动辅导员的职业化发展，更好地按照辅导员职业能力标准做好学生学业指导、思想政治教育、党团班级建设、就业创业指导、生涯规划等各项工作；加强对管理人员的考核及培训，严格执行绩效管理制度，提升管理人员工作能力；在多种场合开展师德师风教育和案例警示，对涉及师德师风问题的教师，一经查实，严格按照规定进行严肃处理；加强导师对师德师风相关文件的学习，明晰导师职责范围，做好导师材料检查。

8. 不断深化服务育人。把解决实际问题与解决思想问题结合起来，提供靶向服务，增强供给能力，在关心人、帮助人、服务人中教育人、引导人。充分发挥后勤保障、图书资料、医疗卫生、安全保卫等各类服务岗位的育人功能，落实服务目标责任制。各专业组织公益劳动，增强劳动精神培育。疫情防控期间，组织志愿者实地体验学校安保人员工作的不易，通过岗位服务让学生懂得学校安保人员在平安校园建设过程中做出的贡献。通过完成岗位工作目标来实现育人功能，不仅可以使解决实际问题与解决思想问题得以有机结合，而且可以适应和满足学生成长诉求、时代发展要求和社会进步需求。

9. 全面推进资助育人。制定一系列学生资助工作管理规定和实施细则，形成与院系实际情况紧密结合的资助工作文件和资助政策。把"扶困"与"扶智""扶志"结合起来，着力培养受助学生自立自强、诚实守信、知恩感恩、勇于担当的良好品质。

  10. 积极优化组织育人。把组织建设与教育引领结合起来，强化高校各类组织的育人职责。培育建设一批先进基层党组织，培养选树一批优秀共产党员、优秀党务工作者，评选一批星级党组织，在全校开展"亮身份、做表率"学生党员宿舍挂党牌活动。

## 四、结语

  应用型本科院校思想政治教育实现全程、全方位育人的核心是深入挖掘各项育人工作的思想政治教育元素。"思政教学"，即思想政治理论课，仅仅是思想政治教育的第一个层次；"教学思政"，即在各学科的教学中挖掘和渗透思想政治教育元素，是思想政治教育的第二个层次；而"思政育人"，即把思想政治工作贯穿教育教学全过程，则是思想政治教育的最高层次。

# 建强主力军　筑牢主战场　坚守主渠道
## 扎实构建课程思政育人新格局

胡中晓

为全面贯彻党的教育方针，落实立德树人根本任务，将思想政治工作贯穿教育教学全过程，近年来，学校坚持将专业教学与思想政治教育相统一，知识传授与价值引领相结合，持续深化课程思政教学改革。学校紧紧围绕教师"主力军"、课程建设"主战场"、课堂教学"主渠道"，即通过搭建培训平台、交流平台、研究平台等三平台，建强教师队伍"主力军"；通过通识课程、专业课程、实践课程建设，筑牢课程建设"主战场"；通过第一课堂课程育人、第二课堂实践育人，坚守课堂教学"主渠道"，在一以贯之中常抓不懈、在久久为功中守正创新，充分调动和发挥每名教师、每门课程的育人作用，不断提高人才培养质量。

### 一、建章立制强化整体设计

学校把课程思政建设作为全面落实立德树人根本任务的重要战略举措，抓谋划、强统筹，构建长效机制，全方位推进课程思政系统化、规范化、常态化建设。学校出台了《山东管理学院课程思政改革实施方案》，成立了课程思政工作领导小组，统筹协调开展课程思政工作。以"讲好六个故事"为着力点，坚持知识传授和价值引领相统一，显性教育和隐性教育相统一，统筹协调和分类指导相统一，总结传承和创新探索相统一，明确课程思政改革目标、工作任务、条件保障等，压实压紧育人主体责任，确保课程思政建设见功见效。

## 二、建强教师队伍"主力军"

全面推进课程思政建设，教师是关键。要推动教师进一步强化育人意识，找准育人角度，提升育人能力，确保课程思政建设落地落实、见功见效。

一是搭建培训平台，提升课程思政意识和实施能力。"教育者必先受教"，为提升教师课程思政、课程育人的意识和能力，学校建立了全方位、多层次的教师培训与发展体系。将常态化培训与专题性培训相结合，校级层面开展了6次课程思政系列培训，举办了2次实操工作坊，邀请了省内外知名专家，解读课程思政纲领文件、介绍各校课程思政建设经验、分享优秀案例，提高教师对课程思政的认识和实施能力，引导教师根植思政育人理念，完善课程思政设计，提高课程育人能力，探索行之有效的课程思政育人途径，完成从"能教会教"到"乐教善教"的教学行为转变。

二是搭建交流平台，发挥辐射带动作用。2020—2022年连续举办了三届校级课程思政教学比赛，达到了以赛促改、以赛促建、以赛促升的目的，提升了全校教师课程思政教育教学能力。举办午间教学沙龙，为青年教师搭建交流平台，提升青年教师的育德能力。成立课程思政教师工作坊，招募成员44位，举办工作坊系列活动。教师通过参加工作坊系列活动，掌握课程思政的设计理念、思路与方法，积极进行课程思政教学改革，并对学校其他教师进行思政教学的指导与帮扶，推动学校课程思政工作以点带面、整体推进。

三是搭建研究平台，以研促建。以课程思政研究为抓手，设立校级课程思政专项研究课题，立项课程思政专项31项，引导教师加强对课程思政内涵、价值、实践路径和方式的研究，以研究推动课堂教学，提升课堂教学思政教育的实效性。

## 三、筑牢课程建设"主战场"

课程思政不是一门课或几门课，而是一种理念与价值的培育与输送，通过对课程赋予德育内涵，将专业课程知识点与思政教育目标有机结合起来，以期达到专业教育与思政教育的双赢。

在通识课程建设方面，坚定大学生理想信念、厚植爱国主义情怀、提升人文与科学素养，培根铸魂，创新思政育人新模式，用鲜活生动的案例感动学生，理直气壮地讲好故事、大理论、大历史。

在专业课程建设方面，根据不同学科专业特色和优势，引导教师挖掘提炼专业知识体系中所蕴含的思想价值和精神内涵，科学拓展专业课程的广度、深度和温度，将课程思政元素有机融入课程教学。学校立项建设了18门课程思政示范课，将课程思政落实到课程目标设计、教案课件编写等各方面，贯穿于课堂授课、教学研讨、实习实训、作业论文等各环节，并汇编课程思政示范课教学设计案例集，提炼可推广的课程思政典型经验和特色做法。同时，通过将思政课教师和专业课教师组成一对一结对帮扶的方式共同进行课程建设，保障课程之间的"同行同向、协同效应"。

在实践课程建设方面，专业化实验实践课程，注重学思结合、知行统一，增强学生勇于探索的创新精神、善于解决问题的实践能力；创新创业教育课程，注重让学生"敢闯会创"，在亲身参与中增强创新精神、创造意识和创业能力；社会实践类课程，注重教育和引导学生弘扬劳动精神，将"读万卷书"与"行万里路"相结合，扎根中国大地了解国情民情，在实践中增长智慧才干，在艰苦奋斗中锤炼意志品质。

**四、坚守课堂教学"主渠道"**

学校坚持专业教育与课程思政在课上课下、校内校外、理论实践全线贯穿，且各有侧重，实现全过程、全方位育人。

一是第一课堂课程育人，重思想引领、价值塑造。通过第一课堂"如盐在水"式的教学，将课程思政元素无痕融入课程教学，打造有高度、有深度、有温度的课程思政项目，切实提升育人成效。学校出台了《山东管理学院本科教学环节质量标准管理办法》《山东管理学院教材选用与评估管理办法》等管理办法，在课堂教学及教材选用等各方面，加强对教学内容的思想性、政治性、质量性进行把关与审核，引导教师发挥课程教学的育人主渠道作用，把思想政治教育与知识体系教育融为一体，实现知识传授和价值引领的有机统一，使课程基础地位、教师主体作用、课堂主渠道在学校思想政治工作中的作用得到充分彰显。

二是第二课堂实践育人，重社会责任感、劳动精神、创新创业精神培养。积极探索第二课堂与课程思政有机融合，创新课程思政育人载体，实现课上课下融会贯通。设置思想政治与道德修养、社会实践与志愿服务、文化艺术与身心发展、学术科技与创新创业、社会工作与技能拓展5类课程，利用学科竞赛、创新创业大赛、企业实习实训等形式，通过真实项目历练的方式，强化学生价值引领，提升学生综合素养。

学校通过完善顶层设计，围绕教师"主力军"、课程建设"主战场"、课堂教学"主渠道"，开展系列活动，逐渐形成了一套有特色、有价值的课程思政山管模式。培育了一批思政元素丰富、育人效果突出的示范课程；培养了一批具有亲和力和影响力的课程思政教学能手和团队；提炼了一系列可推广的课程思政教学改革典型经验；产出了一批高水平的课程思政教学研究创新成果，2门课程获批省级课程思政示范课程，2项课题获批2020年度山东省高等学校课程思政教学改革研究项目立项。

未来，学校将进一步贯彻落实《高等学校课程思政建设指导纲要》要求，持续深化课程思政改革，以更加奋发的精神、更加开阔的思路、更加扎实的举措，为培养德智体美劳全面发展的社会主义建设者和接班人蓄力。

# 山东管理学院聚力构建特色劳动教育体系把劳动教育融入人才培养全过程

王丹妮

山东管理学院将实践和理论学习进行有机结合，有计划、有目的地进行现实化的教育互动，把劳动教育纳入学校各专业人才培养目标、培养要求、课程设置等人才培养全过程，培养大学生劳动素养，树立正确的劳动价值观，助力青年学生成长成才。

## 一、系统化劳动教育课程体系

山东管理学院加强顶层设计，制订实施了《山东管理学院加强劳动教育实施方案》，以"培养劳动情怀深厚、专业知识扎实、实践能力突出的高素质应用型人才"为目标，把劳动教育融入人才培养全过程。依托学校特色工会背景和悠久发展历史，着力打造劳动教育精品课程，培育学生劳动精神、劳动意识、劳动创新能力等；强化劳动教育在线开放课程建设，拓宽学生学习参与渠道，打造省内劳动教育品牌课程；强化学科支撑，不断提高劳动教育质量水平。

学院根据自身优势和专业特色与劳动教育相融合，形成了具有"山管"特色和专业特色的劳动课程，并将劳动教育课程设置成为学校学生的必修课程，进行学分化管理，并配备专业的教师团队和相应的劳动教育教材。依托教材开设相关劳动线下课程，积极开发线上课程，与爱课程中国大学慕课平台合作，创新探索了线上线下混合教学模式。

同时，山东管理学院积极探索实施"思政+劳育"协同育人模式。深挖各门思政课劳动元素，提高课堂劳动育人成效。以研促教，打造"马克思主义劳动观中国化"校级科研团队，推进构建思政育人、专业育人、实践育人、文化育人和劳动育人的"4+1"德育体系。

## 二、多元化劳动教育实践体系

山东管理学院结合学科和专业特点加强实习实训课程设计，优化实习实训教学体系，把建立实践体系、深化专业知识体系和培育知识技能作为弘扬劳动价值、增强劳动底色的有力抓手。人文学院每到假期就举办"五个一工程"劳动精神研学，让劳动教育成为学生的一种生活习惯养成教育。

学院开发利用公共服务资源，建立校外教育服务基地，拓宽学生劳动教育渠道。强调学以致用，组织学生走出校门，走进社会，开展假期社会实践活动，推进"三下乡"社会实践活动等，强化志愿服务工作，将书本知识运用于劳动实践。自2020年12月以来，劳动关系学院围绕学校"爱党爱国、崇劳尚能"的人才培养理念，多方位、多渠道拓展实践育人路径，持续开展"请跟我来"社会实践主题活动，建成产学研协同、践行工匠精神的实践平台。

因重视第二课堂的实践反馈，学校制定了具有学科和专业特点的公益劳动课的具体实施方案，为第一课堂的理论学习与第二课堂的实践教育搭建有效对话机制，做好第一课堂劳动教育理论学习和第二课堂教育实践活动的衔接，不断印证和强化劳动教育理论，使劳动教育贯穿大学生学习生活的方方面面，以帮助学生养成劳动思维，培养劳动习惯。

## 三、特色化劳动育人文化氛围

开展校园劳动文化建设，与劳动教育相融合，在学校发展过程中提炼劳动价值的元素，提升大学生劳动价值的认知。将劳动和劳动观念融入校园生活的方方面面，在积极的文化教育和熏陶中引领学生将劳模精神和工匠精神内化于心，并在正确劳动价值观的指引下进行生活实践。

学院开展校园劳动文化系列活动，营造劳动文化氛围。通过举行劳模工匠进课堂活动，开展先进事迹报告会以及学习劳动模范志愿服务活动等，引导学生学习领会劳动精神、劳模精神、工匠精神，将劳动模范爱岗敬业、脚踏实地的职业素养和奉献专注的工匠精神内化于心。

学校斥资将校内空置的大片荒地建设成为匠心苑广场，培育"匠心、劳动"的校园文化，让环境育人，达到"润人细无声"的效果，并通过校史、校训、学校精神展现与劳模精神、劳动精神和工匠精神传承相结合，将立德树人与匠心育人相结合。

山东管理学院将努力构建系统化的劳动教育课程体系与多元化的劳动教育实践体系，营造特色化的劳动育人文化氛围，聚力构建具有山东管理特色的劳动教育体系。

（发表于《大众日报》，2021年11月25日）

# 中级财务会计课程思政教学实践研究

牛建芳

2020年6月,教育部印发《高等学校课程思政建设指导纲要》(教高〔2020〕3号),要求把思想政治教育贯穿人才培养体系,全面推进高校课程思政建设,发挥好每门课程的育人作用,提高高校人才培养质量。

"中级财务会计"课程是我校审计学、财务管理、会计学、资产评估等本科专业的专业、核心、必修课程,在专业课程体系中起着承上启下的作用。课程主要以财务报告方式为企业投资者、债权人等会计信息使用者提供高质量的会计信息。通过本课程的教学活动,学生能够掌握企业会计信息制作的基本规范与技术方法,了解最新企业会计准则的主要内容及其应用方法,能够将财务会计理论和方法与其他专业课程的知识体系交叉融合,将自主学习能力与创新精神、追求个性和全面发展等有机结合,从而提高学生的综合素质与能力。

## 一、"中级财务会计"课程育人品牌、思政理念与思政目标

### (一)育人品牌

想要打造讲"会计诚信"、树"会计核心价值观"、扬"会计职业道德"的育人品牌,诚信教育始终是贯穿会计专业教育的一条主线。教学中教师应融合社会主义核心价值的培育,不断探索、塑造和培育共同会计价值观,旨在让大学生产生内在逻辑一致的价值准则、行为准则,从而实现较高的经济效益和社会效益。

## （二）思政理念

挖掘课程专业知识中蕴含的道德修养、法治意识、家国情怀、政治认同、文化素养等思政元素，要选择适当的融合方法，在讲解适当的知识点时，采用理论结合实际的方法，激发学生情感上的共鸣，实现知识传授与价值引领的有机结合，达到"润物细无声"的效果，同时避免生搬硬套的思政课模式。

## （三）思政目标

树立法制观念，引导学生遵纪守法，按照会计准则处理经济业务，倡导诚实守信、不做假账，坚守职业道德，培养民族自豪感和家国情怀，将课程专业知识与职业操守、敬业精神、爱国情怀相联系，将专业技能、理论基础与人生观、世界观、价值观相融合，教学相长，不断提升教学品质。

## 二、"中级财务会计"课程思政教学实施

课程紧紧围绕立德树人根本任务，以问题为导向，创新方式方法，以社会主义核心价值观引领财务会计课程的内容讲授，努力为学生健康成长营造良好的环境。

### （一）修订课程教学大纲

在原有教学大纲的基础上，增加课程的思政目标，每一章增加"思政元素举例"板块，使得思政融入课堂教学更具有操作性。举例如下：

| 序号 | 章 | 思政元素举例 |
| --- | --- | --- |
| 1 | 第一章 总论 | 将会计信息质量中的可靠性原则与中华民族历史上优秀文化思想"人无信不立，业无信不兴，国无信则衰"相辅相成，信息质量要求可靠，从做人做事应讲诚信，到我们国家是讲诚信的大国典范，激发学生爱国情怀和民族自豪感；重要性原则引出做事情要分清主次，不能"胡子眉毛一把抓"，按照事情轻重缓急有条理有秩序地做，不然什么都做不好；谨慎性原则与做人原则相通相融，古语"不怕一万就怕万一"和墨菲定律都告诉我们，做任何事情都不能存在侥幸心理。 |
| 2 | 第二章 货币资金与应收款项 | 《易》曰："君子慎始，差若毫厘，谬以千里。"货币资金是非常敏感的项目，要求学生掌握核算方法的同时树立认真严谨的工作态度，否则小错误就很可能酿成大错误。通过康美药业、康得新货币资金造假案例，让学生明白做人做事要遵纪守法、实事求是、脚踏实地，谎言终究要付出沉重的代价，教导学生"勿以恶小而为之"。 |

（二）总结课程思政元素

"中级财务会计"课程思政元素包括"会计强国""会计诚信""会计职业道德""会计伦理""讲仁爱、重民本、守诚信、崇正义、尚和合、求大同""诚信为本、操守为重、遵循准则、不做假账""立信，乃会计之本。没有信用，也就没有会计""经济越发展，会计越重要"、社会主义核心价值观、爱国主义、道德观等。

（三）总结课程各个章节可融入的思政元素及教学切入点

**《中级财务会计》课程可融入思政元素一览表**

| 章节 | 教学项目 | 教学切入点 | 可融入的思政元素 |
|---|---|---|---|
| 第一章 | 会计信息质量要求 | 可靠性 | 可融入：（1）坚持准则、诚实守信的会计职业道德；（2）诚信敬业的社会主义核心价值观。 |
| | | 实质重于形式 | 教会学生透过现象识别交易实质，运用马克思主义哲学立场传授专业知识与技能，马克思主义是我们立党立国的根本指导思想。 |
| 第二章 | 货币资金 | 结算方式 | 可融入支付宝、微信等支付方式，展现我国作为互联网应用大国的风采，培养国家意识和文化自信。 |
| | | 现金盘点 | 教育学生不被物质利益所诱惑，培养廉洁自律、清白做人、干净做事的职业道德和高尚情操。 |
| | 应收及预付款项 | 应收账款 | 结合会计实践中广泛存在的信用危机，唤起职业责任，塑造会计精神，弘扬诚信友善的社会主义核心价值观。 |
| 第三章 | 存货 | 存货取得 | 在存货取得环节，可融入虚开增值税扣税凭证（例如，农产品收购发票）、骗取国家出口退税款的案例，以培养爱岗敬业、诚实守信的会计职业道德。 |
| 第四章 | 金融资产 | 债权投资 | 可融入"金边"债券——中国国债，展开家国情怀教育，激发爱国情感。 |

续表

| 章节 | 教学项目 | 教学切入点 | 可融入的思政元素 |
|---|---|---|---|
| 第五章 | 长期股权投资 | 长期股权投资减值 | 长期股权投资面临多重风险，例如，市场风险、信用风险、流动性风险、法律风险等，减值是风险在会计上的表现。由风险出发，可培养风险意识，教会学生分析风险，识别风险，融入"爱岗敬业、坚持准则、提高技能"的会计职业道德，传承会计精神。 |
| 第六章 | 固定资产 | 固定资产折旧 | 可融入马克思在《资本论》中关于折旧的精彩论述，弘扬马克思主义的精髓，教会学生运用马克思主义的科学立场、方法解决各类理论及实践问题。 |
| 第七章 | 无形资产 | 自行研发的无形资产 | 可融入自主创新观念以及国家对科技研发的鼓励政策，鼓励学生勇于承担创新发展的历史使命与时代责任。习近平总书记强调："须把创新作为引领发展的第一动力"，"实施创新驱动发展战略，加快建设创新型国家，吹响建设世界科技强国的号角。" |
| 第八章 | 流动负债 | 应交税费 | 结合明星偷逃税款案件，融入"社会主义核心价值观"中的法制观念，激发同学们的家国情怀和担当意识，做一个自觉纳税、守法守纪的好公民。 |
| 第九章 | 非流动负债 | 长期借款 | 银行借款是企业最常见的筹资方式。可借鉴"恶意骗贷"的案例，培养诚实守信的会计职业道德，弘扬诚信的社会主义核心价值观。 |
| 第十章 | 所有者权益 | 资本公积 | 资本公积与其他综合收益的区别，是财务会计的教学难点。通过对二者的缜密分析，可融入"爱岗敬业，坚持准则，提高技能"的会计职业道德。 |
| 第十一章 | 费用 | 管理费用 | 以不恰当职务消费为切入点，宣传党的廉洁自律准则，反对享乐主义、奢靡之风，促成清正廉洁的政治本色。于此，还可引入会计的监督职能，以及参与管理、强化服务的会计职业道德。 |
| 第十二章 | 收入 | 收入确认的金额与时间 | 结合"圣莱达财务舞弊案"，说明收入确认是重大会计事项，必须按照《企业会计准则》确认收入，既不能提前，也不能延后，培养坚持准则、不做假账、诚实守信的会计职业道德。 |

续表

| 章节 | 教学项目 | 教学切入点 | 可融入的思政元素 |
|---|---|---|---|
| 第十三章 | 利润形成及分配 | 盈余公积 | 盈余公积的提取，是《公司法》的直接规定，其理论依据是马克思的资本积累理论。因此，提取盈余公积是马克思主义在我国会计领域的具体应用。以此出发，引领学生深刻理解马克思主义，热爱马克思主义，自觉建立将马克思主义与中国革命具体实践相结合的思想。 |
| 第十四章 | 财务报表 | 财务报表编制方法 | 结合财务造假案例，培养诚信理念。 |

（四）形成本门课程典型思政案例库

1. 案例一：津巴布韦通货膨胀、青岛恒顺众昇接受中国证监会行政处罚【会计基础及基本假设】

2. 案例二：康美药业事件【货币资金清查】

3. 案例三：广州浪奇逾期应收账款高达 26.35 亿元【应收账款】

4. 案例四：共享单车堆积如山【存货—周转材料的核算】

5. 案例五：獐子岛"扇贝"跑路事件【存货期末计量】

6. 案例六：雅戈尔抛售金融资产【金融资产】

7. 案例七：并购重组合同诈骗——宜通世纪收购倍泰健康案【长期股权投资权益法】

8. 案例八：天山生物收购大象广告财务造假案【长期股权投资减值与处置】

9. 案例九：万福生科财务造假【固定资产清查与减值】

10. 案例十：减税降费助民企：创新研发增底气，转型升级添动力【无形资产研发费用】

### 三、"中级财务会计"课程思政教学效果

（一）培养了学生正确的价值取向。在学习过程中，学生不仅能够掌握财务会计专业知识并运用知识进行账务处理，而且能养成高尚的职业道德，意识到自己是在为什么人服务，帮助学生在未来的学习工作中秉承客观公正、诚实守信的价值取向。

（二）通过课程思政教学设计，让学生享受课堂，拥有更多的学习热情，让学生得到充分尊重、理解与信任，对学生的"三观"有意识地进行引导，在教学中潜移默化地培养学生的职业自豪感、规则意识和对职业的敬畏之心，懂得优秀会计人才的崇高历史使命和责任担当。通过实施课程思政，学生的学习热情和兴趣明显增强，引发了学生的知识共鸣、情感共鸣和价值共鸣。

（三）提升了教师教学工作的政治站位。在学习过程中，教师通过深入学习领会社会主义核心价值观内涵，将教学内容根据社会主义核心价值观内涵进行整合，并进一步修订了课程教学大纲与教学指南，同时提高了自身的政治素养与专业能力。

# 山东管理学院"思政+劳动"协同育人模式

邵珠平

思政课是落实立德树人根本任务的关键课程。劳动教育是新时代党对教育的新要求，是德智体美劳全面发展的教育体系的重要组成部分。将劳动教育有机融入高校思政课，不仅有利于拓展劳动教育的途径，实现劳动育人的价值旨归，而且有利于挖掘思政课教学内容的创新点，深化思政课教学改革，提升思政课教学实效。山东管理学院作为全国唯一一所具有工会背景的省属普通本科高校，激活自身"劳动"基因，在推动思政课改革、提升其育人效果的过程中，探索实施了"思政+劳动"协同育人模式。具体做法如下：

## 一、开设劳动教育通识课程，编写劳动教育教材

学校相继开设《劳动意识培养与发展》《劳动精神传承与弘扬》《劳动创新思维培育与践行》《劳动权益保障与维护》四门劳动教育通识课程，并将其写进人才培养方案。这四门课程系统阐述了马克思主义劳动观的知识，突出强调了习近平总书记关于劳动重要论述的具体内容和时代价值，帮助大学生树立正确的劳动观，形成正确的劳动意识；阐明了劳模精神、劳动精神、工匠精神的内涵及时代价值，鼓励大学生涵养劳动情怀、弘扬劳动精神；介绍了劳动创新思维的特征及重要性，引导大学生树立创造性劳动的理念，提升其创新劳动能力，让劳动光荣、创造伟大的观念蔚然成风；讲述了劳动权益保护的知识，培养大学生的法治素养，使其懂得利用法律武器维护合法权益。这四门课程在介绍基础知识的同时，突出了课程思政的作用，巩固了大学思政课讲述的有关知识，强化了劳动教育的立德树人功能。同时，开设劳动教

育线上课程。目前,《新时代高校劳动教育通论》在中国大学慕课平台、智慧树平台上线,被近10所高校选用、30000多名学生学习。

为进一步开设好劳动教育四门通识课程,根据《中共中央、国务院关于全面加强新时代大中小学劳动教育的意见》《教育部大中小学劳动教育指导纲要(试行)》《山东管理学院加强劳动教育实施方案》等文件精神,贯彻落实新时代劳动育人新要求、新理念、新方式,彰显学校办学特色,学校组织编写了《新时代劳动教育通论》。该书由高等教育出版社出版,从劳动认知、劳动精神、劳动能力、劳动保障四个方面,详尽介绍了四门课程所涉及的知识,使劳动教育通识课程有了教材支撑。

## 二、深挖思政课劳动元素,提高课堂育人效果

学校依托大学思政课程,深挖其内含的劳动元素,在教学内容、教学设计、案例选择等方面,突出强调劳动教育立德树人的功能。比如,在《思想道德修养与法律基础》课程中,向大学生讲述实现人生价值必须以自己的劳动和聪明才智奉献社会,成就出彩人生必须进行创造性劳动;在《毛泽东思想和中国特色社会主义理论体系概论》课程中,介绍马克思主义劳动观中国化的历程及成果,明确劳模精神、劳动精神、工匠精神对于当今中国发展的重要意义;在《马克思主义基本原理概论》课程中,以马克思主义劳动观阐明劳动对于人、对于人类社会的重要价值;在《中国近现代史纲要》课程中,讲述劳动对于推动我国近代社会发展进步的重要作用;在《形势与政策》课程中,介绍我国目前的就业形势以及劳动者权益保障情况;等等。这些劳动元素的挖掘,提升了思政课教育的效果,也突出了劳动教育的功能。

学校思政课教师积极开发劳动教育线上开放课程,把劳模精神、劳动精神、工匠精神的理论知识点或劳模、工匠访谈录以微课的形式,提供给大学生自主学习,线下则组织大学生进行话题讨论、写心得体会或写调研报告。同时,开发劳动教育电子资源库,以全新、开放的展示手段呈现劳模、工匠特色资源,为劳动教育融入高校思政课堂教学提供有力支撑。

### 三、加强教师队伍建设,提升劳动教育科研水平

打铁还需自身硬。深化落实劳动育人方案,需要加强教师队伍建设,使教师具备过硬的专业技能。为此,学校一方面积极组织教师参加校外举办的相关主题的理论培训,另一方面把校外的专家请进来为教师做培训。经过多次培训和自身不断提升,学校教师尤其是思政课教师都具备了深厚的劳动情怀和理论功底,并把鲜活的劳动故事带到课堂,引导大学生树立正确劳动观,使其在日常学习生活中尊重劳动、崇尚劳动、热爱劳动,为其毕业参加工作能够辛勤劳动、诚实劳动、创造性劳动奠定基础。

为达到以教研、科研促进教学的目的,学校依托齐鲁工匠研究院、劳动政策研究中心等省级研究平台和工会理论研究院、劳动关系研究所等校级研究平台,通过各种方式提升教师教研、科研水平,为其在劳动教育方面的研究提供理论指导和政策支持。如组织开展论文、课题征集活动,紧密围绕劳动教育展开研究,成果涉及论文(教研、科研)、课题(教研)和劳动育人思政元素等,并按主题编辑成册,激发教师对于劳动教育理论研究的兴趣,使教师进一步开拓研究视野,积淀学术底蕴。学校邀请劳动教育领域知名学者,围绕劳动教育理论创新与前沿、多学科视角下的劳动理论、劳动价值观、课题撰写与发表的经验等主题进行探讨,使教师充分学习劳动教育领域的最新理论,掌握前沿学术动态,提升专业素养,启发科研思路,凝练学术方向,助力教研探索,提升理论水平。在这一系列措施的推动下,教师尤其是思政课教师在劳动教育方面的研究积极性很高,申报的劳动教育方面的国家级课题、省级课题、校级课题获得立项,很多教师在核心期刊发表了高水平的理论文章。

### 四、开展课外、校外活动,巩固协同育人成果

丰富多彩的校园活动,能够起到巩固提升思政课教育与劳动教育效果的作用。学校依托齐鲁工匠研究院等校内平台以及与山东省总工会的密切合作关系,开展"劳动教育月""劳动模范进校园""大国工匠进课堂"等系列活

动，邀请全国劳动模范来校，齐鲁大工匠蔺红霞、徐海、徐玉金、刁统武等走进校园、思政课堂，向大学生讲述他们的奋斗故事，与大学生分享他们坚守爱岗敬业、争创一流、艰苦奋斗、勇于创新、淡泊名利、甘于奉献的劳模精神，精益求精、执着专注、永不放弃的工匠精神。一系列活动的开展，使大学生在与先进人物的对话中，向榜样模范学习，涵养劳动情怀。

学校团委、各二级学院举办各类校外活动，如社区服务活动、向泉城环卫工人致敬活动等，激发学生的劳动热情，坚定大学生通过劳动奉献社会的决心。此外，学校还积极建设校园劳动文化，打造校史馆、匠心苑等，营造了浓厚的劳动文化氛围，使大学生在潜移默化中接受劳动教育，提高思想道德素质。